うろん紀行

わかしょ文庫

代わりに読む人

うろん紀行

目次

うろん紀行

第一章

海芝浦

……笙野頼子『タイムスリップ・コンビナート』

第一章

海芝浦

そこは、駅の一方が海なのだという。ではもう一方はどうかというと、東芝だ。そのような不思議な駅の存在を、わたしは笙野頼子『タイムスリップ・コンビナート』によって知った。いつか行きたいと漠然と思いながらも、行き方を調べることはなかった。

友田さんに連載の話を持ちかけていただき、どことも知れぬ駅に行ってなにかを思うという本連載が決まった。であるならばいい機会だと思い、海芝浦駅に行くことにした。

『タイムスリップ・コンビナート』は小説だ。マグロと恋愛をする不思議な夢を見ていた折に、誰とも知れぬ人から電話がかかってきて海芝浦駅まで行ってしまう、という話で、道中現れる景色は、語り手に幼少期を過ごした四日市の風景を思い出させる。しかし記憶は曖昧なまま、結局のところたどり着いたのは行き止まりの駅にすぎないことに気がつく。わたしは昔、二年間だけ製鉄所のある港町に住んでいたことがあり、どこか他人事に思えなくて、この小説が好きなのだ。

作品の追体験の機会を与えてくれた友田さんは、作中における誰とも知れない電話の主か。それとも触れると爆発するマグロか。わたしはまだ友田さんに一度しか会ったことがない。

海芝浦駅へはＪＲ鶴見線で行くことができる。路線図を見てもらえばわかるが、鶴見線はフォークのようになっていて、どん詰まりの終点がいくつかある。そのうちのひとつが海芝浦駅だ。鶴見駅のさらに奥、黄色い看板を目印に改札内から、もうひと階層深く改札をはいると、そこが鶴見線のホームだ。わたしは古びた車両に乗り込み、若草色のシートに背をもたれさせた。毛の密度が粗く、経てきた年月を感じさせる。しばらくして電車は動き出した。何も考えず乗り込んでしまったが、この列車は海芝浦行きではないから、浅野駅で乗り換えをしなければならない。

何分か揺られて着いた浅野駅は、無人駅だった。申し訳程度に改札機が立ててあるが、いくらでも無視することができそうだ。ここで何分待てばいいのか。えっ、四十五分。自動販売機に温かい紅茶はなかった。かわりに冷たいブラックコーヒーを買って飲んでいると、にわか雨が降ってきた。勢いがあったがすぐに止んだ。目の前は線路だというのに、成人の腰の高さくらいある、麦によく似た草が生い茂っている。遠くには子猫を咥えた巨大な親猫が描かれた倉庫。資本主義の終末か。郷愁に浸るふりをしながら、文庫本を開きひまを潰す。

大きなカメラを抱えた少年が、こちらの様子をおずおずと探るようにしながら、線路のほうを向いてシャッターを切っていた。鉄道が好きなのだろうか。でもいま電車はいないし、このシンプルな駅にそれだけの価値があるのかわからない。そもそも、あの子は本当にこの世にいる存在なのだろうか。でもきっと向こうも、わたしに対して同じことを思っているよな。こっちはカメラすら持っていないのだし。よほどこの場にそぐわないに違いない。そんなことを考えているうちに、少年はどこかへ消えてしまった。こんなになにもない駅からいったい、どこへ。

めぇえええええ。

第一章

海芝浦

べぇぇえええええ。

呼応しあう生き物の声が聞こえる。ヤギだ。ヤギがなぜこんなところに。どうやら浅野駅からさほど遠くないところに公園があり、そこで飼われているらしかった。鳴き声のした方角に、白い四本足の獣がいる。どうやらあれがヤギだなと見定めた。そういえば沖縄の人ですら滅多にヤギ汁を食べないと聞いているが、本当だろうか。すると、今度は雨が降ってくる。もう何が何だか、いよいよわけがわからなくなってきた。

ようやっと海芝浦行きの電車が、ゆるやかな弧を描きつつやってきた。三両編成だった。最果てに行くというのに、大層な身分である。

海芝浦行きはぽつぽつと乗客がいた。全員で十数人ほどだろうか。まさか全員が東芝の社員というわけでもあるまい。電車はスピードをあげた。わたしは半身にかかるGを感じながら、流れる景色をぼんやり見ていた。途中駅で乗客の三分の一ほどが降りた。扉が閉まり発車すると建物はどんどんと離れていき、窓を占めるものは空と海ばかりになる。それなのに、不思議と景色は無機質さを増していくように思えた。

ついに海芝浦駅に到着した。駅のホームは、フェンスの取り付けられた細長いアスファルトという印象だ。幅は二メートルほどしかない。黒のフェンスの向こうはもちろん、海だ。ぞろぞろと乗客が降りる。老夫婦は先に降りたほうが手を差し伸ばし、もう一人を支えていた。

真っ黒に日焼けをした、トライアスロンの選手のような格好をした中年男性がいる。子供を三人つれた家族は、幼い末っ子以外元気がない。それに、傘を差したまま、列車に出たり入ったりを何度も繰り返す眼鏡の男。

わたしは最後に降りた。ここが海芝浦駅？　そう、ここが海芝浦駅。夢見た「タイムスリップ・コンビナート」。白く濁る空と海、そしてコンビナート。煙だけが朱色をしていた。右手に見える巨大な吊り橋の名は、鶴見つばさ橋。吊り橋なんてあの小説に出てきただろうか。

電車がやってきた方向に道はなかった。わたしはふらふらと取り憑かれたように前進した。左手のフェンスは板でできたホームらしいものに変わった。屋根はついているけれども、柱の隙間からあいも変わらず海が見える。波が揺れている。進むと右手に改札が見える。ラミネートされた張り紙に、ここから先は東芝なので撮影はお断りしますと書いてある。植え込みがいくつかある。トライアスロンだけが颯爽と社屋へと消えていった。まさかあなたが東芝だったなんて。

前方に一般客向けの改札が現れる。一般客向けの改札だって？　そんなものは、あの小説には出てこなかった。一本足の改札機をピッとやると、屋根がいつのまにかなくなっており、そこは公園になっていた。人と人がすれ違うことにすら困難を覚える、細長い公園。本来あるべきでないところに無理やり作るからこうなるのだ。あたりには、訪れる人々が四季を感じることができるよう、樹木が植えられていた。花をつけているものもある。それに、恋人たちが愛

第一章

海芝浦

を語らうのに御誂《おあつら》え向きの、プラスチック製のベンチまで。

さきほどまで乗客だった人たちは、手持ちのデバイスで写真を撮ったり花を愛でたりしていた。

「お父さん、昨日NHKで見たとおりね」

老婦人がそう言った。ふうん、やっぱりこの駅はテレビでやるんだ。それにしてもタイムリーだ。わたしは手持ち無沙汰な気がして、iPhoneで写真を撮った。ほぼ真っ白の、なんてことはないつまらない写真が何枚か撮れた。

なんか思ってたのと違ったな。雨に濡れ、とてもではないが座れそうにないベンチを見やりわたしは思った。わたしが行きたかったのは最果ての地、結局どこにもたどり着くことができないのだという絶望をひしひしと感じさせてくれるところ。『タイムスリップ・コンビナート』における海芝浦駅は、まさにそういった場所として機能していた。だがどうしようもなくレジャー感、あるいはアミューズメント感が漂っていた。わたしはたどり着いてしまっていた。それにつけても人が多い。ここはぎりぎり、家族で来てしまえる場所だなという気がした。ランチボックスを持って来れば、ちょっとした行楽ができてしまうだろう。まだお互いが好意を持っていることを知ったばかりの恋人たちであったら、この光景を前に二、三時間はベンチで語らうことができるはずだ。それはいいことなのだけれども、かえってわたしはさみしさを覚えた。恥ずかしげもなく真一文字の姿を晒す吊り橋、あれはいつ作られたのだろう。公園ができたなんて知らなかった。『タイムスリップ・コンビナート』が発表されたのは一九九四年。四半世紀という年月が、海芝浦駅の景色を変えていた。

それに、つや消しの加工を施された銀色の改札はどこにあるのだろう。柔らかなフォルムを持つ近未来の改札。それに、真っ昼間だというのに煌々と光を放つ、迫り来る城塞のような工場は。そんなものはどこにもありはしなかった。本物の海芝浦駅にもなかったし、『タイムスリップ・コンビナート』のどこにも、そのような描写はなかった。それらは、わたしが勝手に作り出していたものだった。わたしは何を読んでいたのだろうか。わたしはたしかに、繰り返し『タイムスリップ・コンビナート』を読んでいたはずだ。そのたびごとにわたしの精神は、得体の知れない郷愁とともに海芝浦駅に転送されてきたと思っていた。でもわたしが、連なる文字たちに連れてきてもらったと思っていた海芝浦駅は、わたしの頭が勝手に作り上げたまぼろしだった。記憶や他のフィクションとごちゃまぜになり、全く別の海芝浦駅ができあがっていたのだ。わたしの頭のなかにはたしかに海芝浦駅が存在していたのだが、それは本物の海芝浦駅とも、『タイムスリップ・コンビナート』の海芝浦駅とも、かけ離れたものになっていたのである。

『タイムスリップ・コンビナート』の海芝浦駅、現在の本物の海芝浦駅、そしてわたしの頭のなかの海芝浦駅は全て異なっており、それらは決して交わることのないねじれの位置に存在していた。わたしは明らかに注意深さが欠如しており、自分の楽しみを優先した身勝手な読者だった。海芝浦駅は無言のまま、わたしにそのことを無慈悲にも告げていた。

　でももしかしたら、小説とはそもそもが、そういったものなのかもしれない。まるで電化製品の取り扱い説明書のように、懇切丁寧な描写がなされていても、読者は違うところにたどり着いてしまうのかもしれない。記憶や肉体が、さまざまなものが邪魔をするからだ。であるならば、人はなぜ小説を書くのだろう。なぜ小説を読むのだろう。それは無謀な試みなのに。決して同じ場所にたどり着くことはできないのに。小説は、本当は、読まれるときの現象としてしか存在し得ないのだ。意味を持つ文字が連なって印刷された本が、行儀よく本屋や図書館やあるいは自室の本棚に並んでいるとき。そのときには、それは小説でないのだ。読まれてはじめて小説は生まれる。けれども、小説が読まれるというその現象は、読者によって、時と場所によって、違うのだ。再現性は不確かなのだ。であるならどうしてわたしたちは、同じ小説を読んだふりをして語らったりするのだろう。

　電車がもう出るという。わたしはここに取り残されるわけにはいかない。そう思って、のろのろと歩き出す。車掌が二人、なにを話しているのか楽しげに笑いあっていた。わたしは慌てて乗り込んだ。もう次の場所へ、行かなくちゃ。

参考文献

1．笙野頼子『笙野頼子三冠小説集』（河出文庫、二〇〇七年、『タイムスリップ・コンビナート』を収録）

第 一 章

海 芝 浦

第二章
東向島

……永井荷風『濹東綺譚』

第二章

東向島

浅草駅から東武スカイツリーラインに乗ると、スカイツリーは早々に過ぎ去っていく。巨大なマイナスドライバーのようなそれを背に、わたしは浅草駅から三駅の東向島《ひがしむこうじま》駅へと向かった。

東向島駅は、かつては玉ノ井駅という名前だった。玉ノ井、すなわち玉の井は関東大震災後から一九五七年の売春防止法施行まで栄えた色街であり、永井荷風『濹東綺譚』の舞台だ。「わたくし」こと初老の作家大江匡と私娼のお雪が心を通わせるひとときが描かれた、昭和初期の新聞小説である。

個人的な話で恐縮だが、永井荷風と『闇金ウシジマくん』が頭のなかでセットになってしまって久しい。『闇金ウシジマくん』には、仕事での地位も家族も失った男が

「俺は金もないし休日は会う人間が一人もいないけど、大好きな永井荷風の行きつけの蕎麦屋巡りとかして充実してる。趣味の世界に移住するわ。」

と打ち明けるエピソードがある。社会からつまはじきにされ、落ちるところまで落ちても、教養は精神の滋養になりうるのかという救いが示される回だ。

また、永井荷風は関根歌という妾と一緒に暮らしていたとき、口淫の悦楽追求のために歯を全部抜かせたという。一方、『闇金ウシジマくん』では、悪党が歯を全て抜かれて山中に埋め

られる回があるのだが、十年以上前にインターネットで、その回について「埋められる直前にフェラ奴隷にされた説」を唱えていた者がいた。そのこともあって、永井荷風と『闇金ウシジマくん』が、わたしにとって不可分のものになってしまった。

東向島駅は改札がひとつだけの小さな駅だった。構内を出てすぐマクドナルドとドトールがある。自転車に跨った女子小学生が、ピンク色の口紅を塗っておめかしをしていた。

さっそく荷風が通い詰めたあたりを散策してもよかったのだが、お昼時である。蕎麦屋ではなくカツ丼屋でもなく、事前に調べていた食べログ評価の高い洋食屋のある反対方向へと歩き出した。炎天下に汗をぬぐいながら隅田川のほうへと歩みを進める。川の向こう側は南千住《みなみせんじゅ》らしいが、わたしは地理に疎いのでよくわからない。

洋食屋は清潔で広々としていたが、平日なのにもかかわらず夏休みだからか家族連れで席はほとんど埋まっていた。一人でいるとどことなく居心地が悪い。なんともないような顔をしてカウンターに座り、（B）１２０ｇステーキ定食を注文した。税込一〇五〇円。現在の消費税率は８％なのだが。

ビフテキは美味しかった。大きめにカットし、力強く噛みしめると口いっぱいに肉汁が広がる。上顎から脳天へ突き抜けていく馥郁《ふくいん》たる肉の香り。やはり歯は大事だ。たとえ多額を払い身請けした芸妓であろうと、歯を全部抜かせるのは鬼畜の所業だという気がする。ポリグリップのようなものもないだろうし、煎餅も口のなかでふやかして食べないといけないだろう。

第二章

東向島

Googleの画像検索によれば、まだ男盛りの荷風のとなりにいる関根歌は、ほっそりとして眼鏡をかけた知的な美人で、現代に生まれていればフリーアナウンサーにでもなっていたかもしれない。そのまま関連画像を見ていくと、ダンサーをはべらせてにんまりとした笑みを浮かべる狒々《ひひ》爺《じじい》然とした荷風。幸せそうだ。狒々爺の写真をいくつも辿っていくと、あいた荷風の口に前歯がない。あれ、もしかして。いや、そんなまさか。

　ビフテキに満足して店を出ると、早速散策を開始した。熱風に吹かれあっという間に額から汗が滴り落ちる。蚊に食われたような気がして二の腕のあたりをひっかいたが気のせいだった。

　戦前の玉の井は建物がごちゃごちゃと立ち並び、複雑な道を形成していたという。荷風が「ラビラント」と形容したその一帯は空襲で焦土と化し、当時の道はほとんど残っていない。だが現在の東向島も小さな道が入り乱れ、十分に迷宮である気がした。当たり前だが現在、売春は違法であり、この街でおおっぴらに春をひさぐ女たちはいない。今の東向島は道がややこしいだけの住宅街だ。新築の住宅も多い。

　私娼窟には、銘酒屋《めいしゃ》あるいはカフェと呼ばれる店が軒を連ねていた。一階が飲食店の体をなしているが、その実二階が本体で、女給が本番行為をするのだ。彼女たちは二階の飾り窓から手を振って、お兄さんちょいと遊んで行きなよ、などと声をかけたらしい。戦後、空襲で焼け落ちてからも玉の井にはまたカフェが建てられ、今度は赤線地帯となった。ということはすなわち、赤線廃止以前に建てられた築六十年以上で、かつ一階部分が店舗になっていて二階に飾り窓のある建物が、カフェであった可能性のある建物ということになる。荷風が通い詰めた時代の建物は残っていなくとも、せめて戦後に建てられたものでもいいから、かつてカフェであった建物を見てみたい。

うねうねと入り乱れた複雑な小道を、飾り窓、飾り窓、と念じながら歩く。強い日差しに朦朧としてくる。また行き止まりだ。あのかすみ草を象《かたど》っているようなフレームは飾り窓と呼べるのか。いやでも築六十年には見えない。この建物は？　たしかにトタン葺きで築年数はありそうだが、窓枠はただのアルミサッシで飾り窓とは言い難い。そもそも考えてみれば、世の中の個人商店はほとんどが一階を商店、二階部分を住居とするのではあるまいか。どの家もカフェであったように思われるし、そうではないようにも思われる。わたしはこれぞ、という飾り窓を探して東向島をさまよい歩いた。よその家の窓ばかり覗いて、これではさながら空き巣である。いま巡査に尋問されたらどう答えればよいのか。へっへ、飾り窓を探していまして、と下郎口調で答えたら、はたして巡査は解放してくれるのだろうか。

お雪は氷を一匙口へ入れては外を見ながら、無意識に、「ちょっと、ちょっと、だーんな。」と節をつけて呼んでいる中、立止って窓を覗くものがあると、甘えたような声をして、「お一人、じゃ上ってよ。まだ口あけなんだから。さア、よう。」と言って見たり、また人によっては、いかにも殊勝らしく、「ええ。構いません。お上りになってから、お気

に召さなかったら、お帰りになっても構いませんよ。」と暫《しばら》くの間話をして、その挙句《あげく》これも上らずに行ってしまっても、お雪は別につまらないという風さえもせず、思出したように、解けた氷の中から残った白玉をすくい出して、むしゃむしゃ食べたり、煙草《たばこ》をのんだりしている。(［1］p.80)

第二章

東向島

かつてカフェであったのではないかと思えるような建物はあった。だがその建物は表札がかけられ、住宅や個人商店として使われていた。カフェの面影を必死で隠し住宅街に埋没せんとするようなその立ち姿は、かつて芸妓であったことをひた隠しにする年配の女性を思わせた。iPhoneを掲げたものの写真を撮るのは気がひけ、わたしはそっと立ち去った。

『濹東綺譚』に描かれた玉の井は、人々が活き活きとして、清貧の魂が根付くささやかな楽園のようだ。しかし本物の玉の井は、美しいだけの場所ではなかったらしい。『濹東綺譚』でも蚊の多さと溝の臭気の描写があるが、『玉の井 色街の社会と暮らし』［2］によれば、当時の玉の井では下水道はまだ整備されておらず、生活排水がどぶにそのまま流されていたという。糞尿から立ちのぼる臭いとそれを消すための消臭剤が混ざりあった臭い。お雪はその臭いに囲まれて氷白玉を食べたのだ。

戦前の玉の井を知らない人間からすれば、『濹東綺譚』においては失われた昭和初期の叙情がありのままに再現されているように思える。だが、荷風は玉の井の暗部を控えめに書いたはずだ。当時の読者にとって、玉の井が楽園とは程遠い地域であることは明らかだったからだ。『濹東綺譚』は書かれたときからすでにファンタジーだった。

濹東綺譚《ぼくとうきたん》はここに筆を擱《お》くべきであろう。然《しか》しながら若《も》しここに古風な小説的結末をつけようと欲するならば、半年或は一年の後、わたくしが偶然思いがけない処で、既に素人《しろと》になっているお雪に廻《めぐ》り逢う一節を書添えればよいであろう。猶又《なおまた》、この偶然の邂逅《かいこう》をして更に感傷的ならしめようと思ったなら、摺れちがう自動車とか或は列車の窓から、互に顔を見合しながら、言葉を交したいにも交すことの出来ない場面を設ければよいであろう。楓葉荻花《ふうようてきか》秋は瑟々《しつしつ》たる刀禰河《とねがわ》あたりの渡船《わたしぶね》で摺れちがう処などは、殊《こと》に妙であろう。

（[1] p.93）

物語の幕引きが、わたしたちをファンタジーの世界から現実へと引き戻す。本を閉じた途端にわたしたちは、ラビラントの玉の井から道が整備された清潔なつまらない街へと帰ってくる。『濹東綺譚』の玉の井は汚い部分に目をつむり美化された近代だ。言葉によって永久に封じ込められた標本だ。

永井荷風はエリートとして生まれ、細胞のひとつひとつに戯作文学と教養と階級が染み付いている。わたしたちは荷風の描く近代を想像することはできても、生きることはできない。自分の快楽のために愛人の歯を全部抜かせるなんて、そうそうできないだろう。でも荷風にはできる。荷風の生きた近代において人間は平等ではなかったからだ。荷風にとって妾はあくまでも愛でるためのもので、彼女の生活上の不便なんてどうでもよかったのだろう。そういった傲慢さを傲慢であると思いもしない人間にしか『濹東綺譚』を書くことはできないのではないか。

第二章

東向島

建込んだ汚《きたな》らしい家の屋根つづき、風雨《あらし》の来る前の重苦しい空に映る燈影《ほかげ》を望みながら、お雪とわたくしとは真暗な二階の窓に倚《よ》って、互に汗ばむ手を取りながら、唯それともなく謎《なぞ》のような事を言って語り合った時、突然閃《ひらめ》き落ちる稲妻に照らされたその横顔。それは今も猶ありありと目に残って消去らずにいる。わたくしは二十《はたち》の頃から恋愛の遊戯に耽《ふけ》ったが、然し此の老境に至って、このような癡夢《ちむ》を語らねばならないような心持になろうとは。（[1] p.94–95）

いま『濹東綺譚』が読まれるときに表出する玉の井は、現代の語彙でおそるおそる組み立て上げたはりぼてにすぎない。『濹東綺譚』の玉の井はファンタジーなのだし、近代はもうどこにもない。それは絶望的なことにも思えるが、わたしは何度でもウシジマくんやビフテキを元にして玉の井の再現を試みる。どうにか引き寄せてみようとする。

東向島の探訪から幾日かが過ぎた。わたしは、どの街へ行っても、一階が店舗で二階部分が住居の建物を見るたびにぎょっとしてしまうという奇癖に悩まされるようになった。二階の窓から、若いのに白粉焼けをした、だがしかしからりと明るい表情の女性が手まねきしてやいないか。臭気で満ち、蚊でいっぱいの玉の井へわたしを連れて行ってくれやしないか。『濹東綺譚』は、わたしの目に映る現在の景色を変えたのだ。

参考文献

1．永井荷風『濹東綺譚』（新潮文庫、二〇一一年）
2．日比恆明『玉の井 色街の社会と暮らし』（自由国民社、二〇一〇年）
3．真鍋昌平『闇金ウシジマくん17巻』（小学館、二〇一〇年）、『同29巻』（小学館、二〇一三年）

第 二 章

東向島

第三章

犬吠

……古川日出男『ベルカ、吠えないのか？』

第三章

犬吠

苦い思い出がある。十七歳のとき、おもしろいからと押し付けるように友人へ本を貸した。古川日出男の『ベルカ、吠えないのか?』だ。二人称の語りかけるような文体で、戦争と運命に翻弄される犬たちの二十世紀が語られる同書に、わたしはすっかりはまっていたのだ。絶対に楽しんでもらえるだろうと思っていた。

彼女はひと月後、おずおずと本を返してこう言った。

「ごめん、無理。読めなかった」

ショックだった。その子は本が好きで、わたしは彼女に、カポーティや村上春樹を貸してもらったことがあったのだ。でもわかってもらえなかった。じゃあ誰にわかってもらえばよかったのか。

わたしの高校は当時、全校生徒を合わせると千人くらいいたはずだが、そのなかに『ベルカ、吠えないのか?』を読んだ人はいたのだろうか。わたしの仲間は、そこに一人くらいはいたのだろうか。うぉん。十年以上前のことだが思い出して悲しくなり、わたしは遠吠えがしたくなった。うぉおおおおおおん。犬を真似て遠吠えをするなら、犬吠埼《いぬぼうさき》に行くのがいいだろう。そうだ、犬吠埼に行こう。

犬吠埼はわたしの生活圏からかけ離れている。なにしろチーバくんで言えば耳の先だ。片道三時間半はかかる。直通バスもあるが、電車を乗り継いで行く。

千葉駅まではそれほど遠くに感じなかった。だが総武本線に乗り換えてからが果てしない。

街は過ぎ去っていき、住宅地が現れる。家、家、家、家、そして田んぼ。田んぼ、田んぼ、田んぼ、畑、田んぼ、畑。すこし寝る。そうしてわたしは総武本線の終点、銚子駅へ着いた。ここから銚子電鉄に乗り換えるのだ。

駅を出て右と左のどちらに行けばいいのかわからず、案内板を見ると、改札を出ずに2・3番線のホームを進んでくださいとあった。指示に従うと、水色と青の車体が奥に見えた。二両編成だ。銚子電鉄はなんと、まだ電子マネーに対応していないらしく、乗り込み車掌さんに直接お金を支払い切符を買う。お釣りでもらった五百円玉が、見たことがないくらいに酸化しており、怪しく虹色に光って宇宙を思わせる。

車両は古びていた。赤紫色の座席のシートも、スプリングが劣化しているのかなんだかぎこちない。小さな車体が走り出すと、蛇腹状の連結部分がちぎれそうなほど軋んだ。連結部分を覆うベージュのカバーは、ところどころ錆の色がうつって赤茶けている。横転したら嫌だなと思いながらも、はやる気持ちを抑えられない。古いものがメンテナンスされながら動いているのを見るのが好きだ。

線路脇すぐのところに木が何本も植えられている。その木から伸びる枝が窓ガラスをなでるので、ぴしぴしという不穏な音が始終、車内に響いている。剝き出しの蛍光灯が何度か点滅した直後、犬吠駅に着いた。

犬吠

犬吠駅は平面的な白いアーチがあり、舞台の書割のようだ。ポルトガル風らしい。移動時間が長かったのでお腹が減っていることに気がつき、売店でぬれ煎餅を買う。ぬれ煎餅を食べると必ず普通の煎餅が食べたくなるのはわたしだけだろうか。そう思いながら、犬吠埼へと歩き出す。

道中、人間にリードをひかれ散歩する真っ白な老犬とすれ違った。耳が垂れているので洋犬だろう。ラブラドールだろうか。

祖父の家でも白い犬を飼っていたことを思い出す。小さな雑種の雌犬だった。アイヌ犬の血を引いていて、その証拠に舌に紫色の斑《ぶち》があった。アイヌ犬は猟犬だから、熊にも立ち向かう勇敢さを持つ。その犬もそういった資質を受け継いでいたが、祖父は犬のしつけをちゃんとするような人ではなかったので、勇敢さは別の形で表れていた。チコちゃんというその犬はいつも吠えていて、人間にも容赦なく噛み付いた。噛まれた手には米粒大の小さな穴があいた。孫が血を流しているのを見た祖父は怒り、素手や時には角材でチコちゃんをぶった。だがチコちゃんは怯えるということがなかった。鎖に繋がれてもなお恐ろしい犬だった。チコちゃんはある日、血を吐いて死んだ。

チコちゃんの次に祖父が飼ったのは大きな雑種の赤犬だった。柔和な顔立ちで、由仁町からもらわれてきたのでユニちゃんと名付けられていた。ユニちゃんはおとなしく賢かったので、子どもが仕込む雑なお手にも従った。

ユニちゃんは突然子犬を六匹産んだ。それなりにかわいがられていたが、妊娠に誰も気がついていなかった。誰に教えられたというわけでもないのに、ユニちゃんは孤独にお産を済ませ、胎盤と一緒に産んだばかりの末っ子も食べた。そうしてけろっとしていた。かわいらしい子犬たちはもらわれていき、ユニちゃんはまた一匹になった。そして脱走した。手分けをして探しても見つからなかったが、よく似た犬を近所の人が連れているのをおばが見つけた。おばが犬を見ていることに気がついたその人は、気まずそうに立ち去ったという。それからユニちゃんによく似た犬が祖父母宅周辺で散歩をすることは二度となかった。

犬たちの記憶に惑わされているうちに、潮風の匂いとともに視界が開けた。広大な灰色の海に圧倒され、一人なのに、おお、とか、ああ、とか言ってしまう。

犬吠埼は、義経が愛犬の若丸を置き去りにした場所だという伝説が残っている。若丸は義経を恋しがり遠吠えしたので、犬吠埼というわけだ。

見晴らしのよい高台から海岸沿いに目をやると、大きな旅館が廃業したのか、建物に黒いシートがかけられていた。そういえばここに来る途中も、水族館がひとつ潰れていた。中ではイルカが置き去りにされているらしい。

犬吠埼では海岸近くまで行くことができた。見たことのない風変わりな植物が生い茂る階段を降りていくと、地層が剝き出しになっているのが見えた。海から陸に向かって、せりだすように海岸が隆起している。白亜紀の頃の地層もあり、国の天然記念物に指定されている。

第三章

犬吠

波が強い。潮風が唸るように強く吹いて耳の中でごそごそと響く。遠吠えをするなら今だ、と思い、手すりを摑んで口を開けた。けれども黙ったまま、恥ずかしくなってすぐ閉じた。平日だが海岸は全くの無人というわけではなく、若いカップルがいたのだ。二人を脅かすわけにはいかない。それにわたし、別に犬じゃないしな。

階段をあがり、高台に戻った。犬吠テラステラスという名前の小洒落た建物の中にはいる。今年の元旦にオープンしたばかりだという。

二階の休憩スペースにハンモックがあったので、ありがたく横になった。ＢＧＭになぜかハワイアンがかかっている。スライディングギターの音を聴きながら、ところどころ白く泡立つ灰色の海を眺めてぼうっとした。犬吠埼ねぇ。犬。うぉん。

友人や上司からかわいらしい愛犬の画像なり動画なりを見せられても、ピンとこないことがある。たしかにかわいいなと思うし、そう口にする一方で、かわいいという言葉だけに収斂《しゅうれん》させきれないものをどうしても感じてしまう。

人間に愛玩されるべく洗練された犬は、まるで工業製品のようだ。愛犬家たちはその人工的な部分をのみ愛しているように感じてしまう。犬たちも好きで特定の犬種に生まれているわけでもなかろうに、かわいらしく生まれてきてしまった運命によって、従順にかわいがられざるを得ない。愛玩されるためだけに生まれてくる命と、その命を完全に支配する人間。それはとてもグロテスクな関係に思われる。もちろん犬を飼ったことがないわたしよりも、愛犬家たちのほうがその事実に気がついているはずだ。けれども、見て見ぬ振りをして犬をかわいがる。犬たちだって生まれてきてしまった以上、愛犬家たちにかわいがられたほうが幸せに生きることができるだろう。たとえばわたしの祖父に飼われるよりかは。

けれども犬は、時折白目を剝くし、あくびをすれば肉の色をした歯茎が剝き出しになる。糞尿は臭く、人工的な造形物にはなりきれない。犬の牙はどうしたって、肉を切り裂くためにあるとしか思えない形をしている。それはぬいぐるみのような小型犬だって同じだ。発情すれば勃起するか陰部から血を流すし、お産をすれば胎盤も弱った我が子だって食べる。機会さえあれば人間だって食べるだろう。

犬のそういった姿について語られることはあまりない。そういった話はあまり上品ではないとされているし、第一かわいくないからだ。しかし『ベルカ、吠えないのか?』ではかわいいだけではない、本能が剝き出しになった犬の姿が描かれる。犬そのものが何度も露わになる。まるで表紙の犬の口腔のように。

小説には、誰もあえて話さないような見向きもされない現実が、現実以上に鮮明な現実として存在している。フィクションであっても、そこに「本当」がある。その「本当」に触れたとき、嫌悪感を示すか、膝を打つのか。「本当」だけが放つ眩しい光を、目が潰れることを承知で見据えることができるのか。その勇気がなければ、そもそも小説なんて読めないのかもしれない。

第 三 章

犬吠

犬の本当の姿を見据える覚悟があるか。それとも愛玩されるべく作られた部分をのみ愛すのか。どちらを幸せととるかはそれぞれが選べばいいと思う。わたしは臆病者なので勇気はなかったはずだが、運良く犬の剝き出しの姿を見たことがあった。だから『ベルカ、吠えないのか？』を楽しんで読むことができたのだと思う。

小説のことを考えているとついつい時間を忘れて熱くなってしまう。気がついたらもう日が暮れそうで、わたしは慌てて帰ることにした。銚子電鉄は本数が少ないのだ。ここからまた三時間半か。もつだろうか、腰。わたしも四足歩行だったらよかったのにな。うぉん。

参考文献

1．古川日出男『ベルカ、吠えないのか？』（文藝春秋、二〇〇五年）

銚子電鉄車内券
340円
上り
下り
1 4 7 10
2 5 8 20
3 6 9 30
小児
当日限り
下車無効
駅名
銚子
仲ノ町
観音
本銚子
笠上黒生
西海鹿島
海鹿島
君ヶ浜
犬吠
外川

第四章

蕨、上野、亀戸、御茶ノ水

……後藤明生『挟み撃ち』

いつもいりたての
おいしい豆
但元いり豆本店

第四章

蕨、上野、亀戸、御茶ノ水

こんなつもりではなかった。わたしはいま真っ暗闇の中、お茶の水橋に立っている。時刻は午後六時。行き交う人とよくぶつかる。橋の下に流れる川の水は、濁っているようだがよく見えない。

今日は、河口湖駅からバスに乗って天下茶屋に行くつもりだったのだ。ほうとうでも食べながら、井伏先生放屁問題について四千字書こうと思っていた。しかし台風19号がやってきて、目的地までの線路を一部覆い隠してしまった。あたりは土砂崩れの危険もあるという。それに情けないことに、低気圧のせいか頭がひどく痛むので、遠出どころではないと判断した。

ではどこへ行こう。どの本を元にして書こう。わたしは連載についての予定をメモしていたノートをぱらぱらとめくってみた。自分のことが嫌になるほど、全く予定通りになっていない。ふと、汚い字で書かれた一行に目が止まる。そうだ、後藤明生『挾み撃ち』でいつか書こうと思っていたのだ。とつぜんどこかに行くのなら、これほどぴったりの小説もないだろう。

散らかった部屋の大半を占めるプラスチックケースを、あれでもないこれでもないとやりながら『挾み撃ち』を探し出す。あった。ページをめくる。そうそう、御茶ノ水からはじまるんだよね。では御茶ノ水に行くか。読み進めていくうちに、小説は物語の結末からはじまっていたことを思い出す。そうだった。この話では到着点からそれまでの道のりを回想し、そしてその道のりでも過去を回顧するのだった。わたしは相変わらず、小説に関する記憶があやふやだ。

主人公「赤木」は、昔着ていた旧陸軍の外套をどこで失くしたのか思い出せない。思い出すために、今まで自分が過ごしてきた土地を、思い出とともにたどる。まず赤木は、自宅のある草加《そうか》のマンモス団地から、ぐるっと迂回をしてかつての下宿先である蕨《わらび》へ向かう。であるならばまずは蕨へ行こうか。本来であれば、マンモス団地に行ってから同じルートをたどるべきなのかもしれないが、自宅という意味では等価だと考えよう。

品川から乗り込んだ京浜東北線の電車はまっすぐ北上し、河口湖ではなく川口を過ぎていく。西川口を挟み、蕨へ。コンパクトシティ蕨。たしか成人式発祥の地なんだったか。空は白く曇り、小雨が降っている。あちらこちらの看板に錆が目立つ駅前のロータリーに立っていると、ちらほらと外国語が聞こえてきた。このあたりは多くの中国人とクルド人が、故郷をはなれて暮らしているからだろう。

以前、大学で知り合った人が

「うちの実家にも後藤明生が来ていたはずだ」

と言っていた。実家は蕨で代々書店を経営しているのだそうだ。いいな。やはり内地出身者のほうが、そういった文学的接点が多いのだろう。身勝手な羨望を覚えたことをぼんやりと思い出す。

その後藤明生が通ったかもしれない書店に行くことも考えたが、場所がわからない。注意深く見渡したが、駅前に本屋は見当たらない。それに、それはストーカーの行うことでは？　しょうがないので小説の通り、駅前の商店街をまっすぐ歩く。赤木が、とある女を『ネフスキー

第四章

蕨、上野、亀戸、御茶ノ水

大通り』の娼婦「ブリュネット」に見立て、問答を繰り広げるあの場所だ。一本道はたしかに長いが、実際には複数の商店街にわかれているようだ。しばし立ち止まるが、誰も通らなかった。あきらめてしかるべき場所で右折し、蕨神社へ向かった。そこは思いがけずそれなりの規模がある神社で、七五三をすませた家族が談笑しているのが見えた。後ろからは、お宮参りをしようとする家族がいる。明確な目的のある人たちに挟まれてしまった。いたたまれず、わたしは蕨神社をあとにした。

不思議な人だったな。実家にかつて後藤明生が来ていたかもしれない人のことだ。上下色味の違うデニムを着ていたことがあった。わたしはファッションに自信のあるほうではないが、それでもその合わせかたはちょっと違うのではないかと思っていた。薄いデニムと濃いデニムの挟み撃ち。お元気ですか。

蕨の次はどこに行けばいいのだろう。アーケードの下、雨を避けながら立ち止まって読み進める。そうか、上野か。

京浜東北線に乗り込んだ。三十分ほど揺られ、上野駅に着く。公園口から降りて映画館を目指す。御徒町《おかちまち》にできたばかりのシネコンではなくて、昔からある映画館のほうだ。そこはいまやピンク映画専門なのだと知っていた。一時期、この世の全てを知りたくて、その映画館にはいってみようか逡巡したことがあった。結局はいらなかったが、それでよかったのだろうか。そういえば新橋にあったピンク映画専門の映画館は、いつのまにか無くなってしまった。わたしが映画館でピンク映画を観る日は来るのだろうか。

ゴッホ展の横を通り過ぎながら、しまった、赤木は不忍口《しのばずぐち》から出たんだ、と気づく。これでは遠回りになってしまう。

「いやよいやよも好きのうち」

すれ違った男性が、連れの女性に向けて放った言葉が聞こえてしまった。どういった文脈で言ったのかとても気になる。英語ではどう言えばいいのだろう。後ろ髪を引かれるような思いで階段を降り、京成上野駅の前を通り過ぎてうろうろとしていると映画館に行き着いた。すこし奥まったところにある。立ち止まって写真を撮っていると、本来の客であろう壮年の男性にじろじろと見られた。申し訳ない。やはりここはわたしのように目的を持たない人間が来てはいけないところなのだ。

看板にはもちろん、脇毛の生えた女子高生はいなかった。というよりどの女性も、脇を強くしめているので脇毛の有無はわからない。裸体の女性と並んで、とある監督の訃報が出ていた。

赤木の通りに行動するのであれば、この近くの蕎麦屋でカレーライスを食べなければならない。だが近くのビルには中華屋や焼肉屋しかはいっていなかった。あきらめて次の場所へ行くことにした。

物語に沿うのであれば、次は亀戸《かめいど》。またもや京浜東北線に乗り、秋葉原で総武線に乗り換える。エスカレーターの場所がわからず遠回りをする羽目になる。馴染み深い両国、錦糸町の先

第四章

蕨、上野、亀戸、御茶ノ水

に亀戸がある。初めて来たとばかり思っていたが、駅前の景色に見覚えがある。そういえば前に友人を訪ねたことがあったっけ。今の今まで忘れていた。

駅前は亀戸二丁目であるようだ。ここから亀戸三丁目を目指す。だが、赤木が女のために通った昔の面影は全く残っていないのかもしれなかった。駅前にはチェーンの飲食店が乱立しており、訪れるのは亀戸であろうがなかろうがどうだってよかったのではないかという投げやりな気持ちになってくる。暮らすぶんにはよさそうだが。

大きな交差点で、わたしは思いがけないものを目にした。なんとそれは豆屋だ！　煎った豆を売っている。これは赤木が若い頃に南京豆を、再訪時にはそら豆を買った豆屋ではないか。いや、まさに！　まさか豆屋が残っているとは。わたしは豆屋の頼もしさに、今にも笑いださんばかりに興奮した。あはは、豆屋が残っているなんてね。笑顔で何枚も写真を撮るわたしを、店先にいた女性が怪訝そうな顔で見つめている。南京豆はピーナッツという名前で売られていた。このあたりが三丁目に違いない。

ところがあたりは四丁目だった。右を見ても、左を見ても、前を見ても、後ろを見ても、そこは亀戸四丁目。わたしは四方を亀戸四丁目に挟まれていた。先ほどまでいたところは二丁目だったのに。えーっ。わたしはなにかに化かされたのかと思い、慌てて地図を確認した。なんのことはない、三丁目は四丁目の西側にあっただけのことである。

その後は順調に竜眼寺、栗原橋、長寿寺、天神橋の前を通った。もちろん作中には出てこないスカイツリーには雲がかかり、まるでそこにあるのが不自然であることを自ら主張しているようにも思える。歩きながら読み返すと、永井荷風『濹東綺譚』に関する記述が出てきていることに気がつく。すっかり忘れていたのは、初読時には『濹東綺譚』を読んだことがなかったからだろう。奇しくも第二章のテーマは『濹東綺譚』。この章は第四章だから、第三章は『濹東綺譚』に挟まれたことになる。後藤明生に誓って言うが、これは本当にわざとではない。

赤木の足跡をたどるのであれば、ここからまた蕨にとばないといけない。でもさすがにもう疲れた。考えてみれば、話としては必要だけれども、展開としては無理があるようにも思える。実際に作中の足跡をたどってみると、そんなことまで見えてくるのか。

歩いていると錦糸町に着いた。ここから御茶ノ水まで総武線で一本だ。たくさん歩いて疲れていたので、空いている座席に滑り込むようにして座る。両側には大柄で髭の生えた外国人がいた。香水と体臭が混ざり合い、なんとも言えない臭いがする。左側の男性は、着ている上っ張りが短いのか、腰から尻のすぐ上までの地肌が丸出しになっていた。ふとした折に彼の腕がわたしの肩なり顔なりに当たる。右側の男性も、なにやら顔がとても近い。とんだ二人に挟まれてしまった。彼らはまるでわたしなんかいないかのように、大声で話し合っている。これはもしやロシア語では？　わたしは当然のように、二人にピョートルとニコライと名付けほくそ笑む。会話の端々に「ミタカ」「アサクサバシ」という地名だけが聞こえてきた。果たして彼らは目的地にたどり着けるのだろうか。

第四章

蕨、上野、亀戸、御茶ノ水

秋葉原の次は、ついに御茶ノ水である。電車を降りるとわたしは耐えきれず駆け出した。そうして改札を出た。お茶の水橋！　ようやっとたどり着いた。これでわたしの巡礼の旅も終わりだ。だが最後にやり残したことがあることに気がつき、わたしはiPhoneを取り出した。そして、知り合いの山川さんに電話をかけた。

「あ、もしもし。久しぶり。あのさ、昔のことなんだけど。雑司が谷の古本屋で後藤明生のサインがはいった『挾み撃ち』を見たことがあったんだよね。もちろん買おうと思ったんだけど、その時手持ちが千円なくてさ。本の金額はたしか二千円ちょっとだったと思う。その古本屋はクレジットカードが使えなくて、次来た時に買いますって言って帰った。その次の土日に行ったらさ、もう売れてしまっていたんだよね。後藤明生のサイン入りの『挾み撃ち』がさ。すごく悔しかった。

それからね、『情熱大陸』で角田光代が出ていたときに、後藤明生のサイン本を見せていたんだ。あ！　わたしが買おうとしたやつ！って思った、っていう記憶があるんだけど、角田光代の『情熱大陸』は二〇〇五年放送だから、明らかにサイン本を見つけたときより前なんだよね。わたしが北海道にいたときなんだから。変だよね。それに古本屋の店員さんは大学の英語の先生に瓜二つでさ。もしかしたら姉妹だったのかな。わたしはその二人にずっと挟まれたまま暮らしていたのかな。ねぇ、どうなんだと思う？」

山川さんはすこし経ってからこう言った。

「すみません、誰ですか」
わたしは黙った。そしてそのまま電話を切った。わたしはお茶の水橋の真ん中で、iPhoneを片手にいつまでも立っていた。次にどこに行けばいいのか、誰と会えばいいのか。わたしは何もわからなかった。

参考文献

1. 後藤明生『挾み撃ち』(講談社文芸文庫、一九九八年)

第四章

蕨、上野、亀戸、御茶ノ水

第五章
河口湖

……太宰治『富嶽百景』

YU OMNI BUS FUJIKYU OMNI BUS FUJIK

第五章

河口湖

四時五十分に起きさえすればよかった。荷造りは済んでいた。アラームは指定通りに鳴ったし、起きることはできた。しかし、起きぬけから頭のなかは悲しみでいっぱいだった。急いで支度をして、レキソタンを引っ張りだし、かじりながら日の出前の商店街を歩いて駅へと急いだ。

飛行機が墜落する夢を見た。コクピットのある頭の部分が、ど根性ガエルのように潰れる夢だ。わたしが同行者もろとも焼け焦げたことを報じるニュース映像を、他ならぬわたし自身が見ていた。これは凶夢で、強いストレスと休息の必要性を暗示しているらしい。

だが今日こそは何がなんでも、天下茶屋に行かなければならない。他の場所では心もとない。目的地への距離が遠ければ遠いほど、いいものが書ける。わたしは無根拠にもそう、信じていた。どうしても、天下茶屋に行かなければいけないのだ。太宰が昭和十三年の秋、ふた月ほど滞在して英気を養った天下茶屋に。そのときのことを書いた『富嶽百景』が、わたしは太宰の作品ではいっとう好きだ。

天下茶屋に行くためには、最寄り駅からまず品川まで出て山手線で新宿、乗り換えて中央線で立川へ行く。向かいのホームの列車に飛び乗って終点の大月に着けば、富士急行線で終点の河口湖駅へ。そこからまた「天下茶屋行き」のバスに乗る。乗換回数はなんと五回。

「天下茶屋行き」のバスは、九時三十三分着と十時十八分着のふた便のみ。天下茶屋は終点なので、そのまま折り返しの便になる。すなわち十時十八分の便が終バスである。

大月までずっと寝ていた。口を開けて寝ていたから、襟巻がよだれでべったりと濡れていた。唾液の臭いにうんざりしながら、アナウンスが富士急行線に乗り込むよう急かすのに従う。不明瞭な意識のまま1番ホームにたどり着いた。ICカードの人はそのまま通っていいらしい。

ホームでわたしを待ち構えていた列車には、機関車トーマスと仲間たちが描かれていた。乗り込むと、リュックサックのサイドポケットにストックを差し込んだ登山客たちが、ずらりと並んで座っている。彼らリタイア世代と思しき男女は、楽しげに笑いあっていた。なんなんだ、この光景は。立ちすくむわたしに気を利かせ、紳士が詰めてくれると、ゴードンやらパーシーやらがプリントされたカラフルなシートが見えた。気おくれしながら、彼らの顔面めがけてわたしはそっと尻を埋めた。まばらに紅葉がはじまっているのが見えた。列車は動きだす。日も差し、いくぶんか気持ちも明るくなってくる。

「ここから三キロほど、百メートルもの勾配を一気に登ってまいります。富士山と電車が一緒に撮影できる、評判のフォトスポットとなっております」

車掌のアナウンスが告げた。乗客はおもいおもいに立ち上がってカメラを取り出し、いい案配の場所を探している。あっ！　富士。

さすがにほかの山とは大きさが違い、別格である。真っ白な雪で覆われており、それはわたしに綿帽子を思い起こさせる。

「あら、きれいね」

第五章

河口湖

隣に座っていたご婦人が、夫へか、それとも自分自身へか、歓声をあげた。

「雪が降ったからよかったのよね。白くて輝くようだわ。ほんとうにきれい。今日にしてよかったわ。ね、お父さん」

お芝居のようだった。ご婦人の情感たっぷりの台詞回しは、ほかの登山客にはどう聞こえたのだろう。なんだか照れてしまった。

河口湖駅に着いた。澄んだ空気のなか、富士山がどしんと座っている。駅前のロータリーにはバス停がいくつもあり、どれに乗ればよいのかわからない。あっちでもなし、こっちでもなし、と駆け回るうちに出発時刻が近づいてくる。汗まみれになりながら観光案内所の係員に聞くと、中央のバス停だと教えてくれる。すでに長蛇の列だ。

「あのう」

列の最後尾と思われる、登山服姿の男性におそるおそる話しかける。

「このバスは天下茶屋行きですか」

「そうみたいです。まさかこれほど混むなんてね」

男性は困ったように笑った。登山客からしても、想定外であったようだ。

バスはすぐに来た。座席は早々に埋まった。乗ることができただけでも感謝するべきなのだろうが、山道を三十分程度、立って揺られなければならなくなった。わたしはすこし落ち込んだ。立っていてはあのシーンの真似ができない。

わたしは窓の外を眺めた。もちろん、月見草を探すためである。有名な話であるが、太宰が月見草と呼んだ黄色い花は月見草ではない。オオマツヨイグサだ。月見草の花は白い。わたしはオオマツヨイグサを探した。事前に図鑑で調べており、特徴は頭にはいっている。レモン色の大きな花。目を皿のようにして山道脇をくまなく眺めた。しかし、一本たりとも生えていなかった。

つくづく野暮だと思った。偶然、網膜に可憐な花一輪、焼き付くから美しいのであって、血眼になって探してはいけない。太宰に嘲笑われると思った。それともあきれてそっぽを向くだろうか。

オオマツヨイグサは見つからなかったが、黄色い花がいくつか咲いているのが見えた。セイタカアワダチソウだ。北アメリカ原産の外来種で、その名の通りに背が高く、小さな黄色い花をいくつも咲かせる。昔、住んでいた家の横の空き地にこの花が生い茂っており、近づくとくしゃみが止まらなくなるものだから、母はこの花を忌み嫌っていた。わたしもそれでなんだか、醜い花だと思うようになった。けれども実は、セイタカアワダチソウの花粉では、アレルギーにはならないらしい。陰に隠れて咲いていた、ブタクサかなにかの花粉に反応していたのだろう。根拠のない説にまどわされ、冷たくあたってしまった。こうしてあらためて見ると、セイタカアワダチソウの鮮やかな黄色の花は、じゅうぶんに美しいような気がした。せっかくだし、セイタカアワダチソウを今日は月見草だと思うことにしよう。

第五章

河口湖

バスはいくつか停留所を過ぎたあと、「三ツ峠登山口」に停まった。乗客は次々と降り、ついにはわたしひとりだけになってしまった。バスは貸し切りとなり、贅沢であるような、心もとないような、そんな気分だ。がらんどうになったバスは運転手とわたしだけを乗せ、山道をスピードを上げて登っていく。崖の下に転落しても誰にも気づかれないだろう。

「終点、天下茶屋です」

聞こえるか聞こえないかの声でアナウンスがあった。わたしはバスを降りた。天下茶屋は目の前にあった。この木造の建物が、あの天下茶屋なのか。想像していたより、よほど風情がある。古い建物が観光地化すると、場違いな看板や修繕の跡によりテーマパークのようになってしまうことがままあるが、天下茶屋にはそれがなかった。窓ガラスは古いものなのか、わずかに厚さにばらつきがあり、昭和十三年に建っていたときと、さほど変わらないのではないか。ありがたいことだ。

振り返るとそこには富士がいる。ふもとの山々は、河口湖のきらめく湖水を抱え込むようにしている。これがまさに、太宰のたとえた風呂屋のペンキ画！　けれどもわたしは、富士山が描かれた銭湯になんて行ったことがないのだ。ベタだろうがこれは絶景。富士三景だというのもうなずける。夢中でパチリ、パチリと写真を撮り、そうして、はっと気がつく。しまった。これは最後にやろうと思っていたことだったのに。つくづく間が抜けている。

まだ十時前だが昼食をとることにした。貼り紙に、「ラストオーダーは日没」「自由に席に着かないでください」とあり、緊張して戸をひく。

「ごめんください」

声が情けなく震えている。

「おひとりさま？　どうぞ」

存外に愛想よく接客されて拍子抜けした。観光地でよく出会うぞんざいな扱いではなかった。なかは広く、椅子席か座敷、もしくはオープンテラスが選べた。寒かったのと正座をして下肢の血流を上半身に戻したかったので、座敷を選んだ。客はわたし一人しかいなかった。

「すみません、きのこほうとうをひとつ」

「はい、きのこほうとうをおひとつ。そうだお客さん、今ならプラス二百円で天然のなめこにできるんですが」

天然のなめこにした。水を飲みながら座敷を眺めた。着物姿でくつろぐ男性の大判の写真が飾られていたので、近づいて見た。若いころの石坂浩二だった。男前だと思った。壁には太宰をモチーフにしたいくつかの映画のポスターが飾られ、梁は著名人のサインでいっぱいになっていた。目立つところに又吉直樹のサインが飾られていた。去年、五所川原市の「太宰治疎開の家」に行ったときも、館長が

「先日はピースの又吉さんがお見えになられて」

第五章

河口湖

と言っていた。なんだか太宰の追っかけをしているというよりは又吉の追っかけをしているみたいだ。そんなことを考えながらぼんやりとほうとうを待つ。二十分くらいかかると言われ、さすがに手持無沙汰で、石油ストーブの火を眺めたり、土産物を物色したり、メニュー表の「太宰風地酒」という文字を見ながら、風とは、と思ったりした。

ほうとうは洗面器くらいの大きさの鉄鍋にたっぷりとはいり、湯気を立ててやってきた。天然のなめこはそれぞれが五百円玉くらいのサイズがあった。味噌仕立ての汁はとろみがあって火傷をしそうだったので、ふうふうとしてから口に運んだ。おいしかった。麺は人間の耳たぶのような感じがして、ごろりとしたかぼちゃはほっくりと仕上がっている。すっかり満腹した。

食べているうちに続々と他の客がはいってきて、またたく間に席が半分以上埋まった。バイク乗りが多いようだ。わたしと同い年くらいの男女のグループがやってきて、座敷に座った。

「見て、又吉のサインだ」

「又吉、太宰のこと好きだもんね」

「誰だっけこの写真の人。なんでも鑑定団に出てたよね」

みんな見るところは同じもんだなと思った。

景気づけに甘酒を頼んで飲み干し、会計をすませると二階にあがった。ここの二階は「太宰治文学記念室」になっており、太宰の祝言のときの写真やらが飾ってある。隣の部屋には太宰が使った机と火鉢が展示されていた。ひとつずつ注意深く眺めていると、驚くべき展示を見つ

けた。それは、『富嶽百景』に出てくる娘さんのモデルの方の最近の写真で、なんと二〇一七年の撮影時に九十五歳、現在もご存命であるという。なんだかうれしかった。

　太宰よりも縁があったであろう井伏鱒二のコーナーは、写真が二枚あるきりだった。もっと紹介したほうがよいのではないか。茶屋の人に言おうか、そんなことを逡巡したが、ではあなたが資料を持ってきてください、と言われても困るので、何も言わないことにした。

　階段を降りて茶屋の人に軽く会釈し、天下茶屋を出た。すこしだけ歩いてあの有名な石碑を見て、戻るともう十二時をまわっている。ドライバーやバイク乗りたちが次々と降りては、景色を眺めたり、煙草をふかしたり、休憩をしに茶屋へはいっていったりしていた。富士は厚い雲に覆われ、もう見えなかった。ふふん、わたしは見たのですよ。ええ、今日の富士をね。そりゃあ、きれいなもんでしたよ。口にこそ出さなかったが、得意だった。ここまでもうバスは来ないけれども、来るバス停まで歩けばいい。六キロ弱あると、調べて知っていた。わたしは車道を下っていった。木々に陽があたり、美しかった。ポケット

第五章

河口湖

に手をいれて歩いた。なんだか自分がいい人間になったように思われた。わたしは突如、茶屋に売られていたタブレットケースが欲しくなった。

「富士には月見草がよく似合ふ　太宰治」

石碑と同じその文言と、黄色い花が刺繍されていた。野暮ったかった。瀟洒《しょうしゃ》、典雅《てんが》とはかけ離れているように思われた。青森県で販売されている「生れて墨ませんべい」と同じくらいだ。しかしここでしか手にはいらないオリジナルグッズだし、鞄からごそごそと取り出したらひと笑い起きるかもしれない。そんなさもしいことを考えた。わたしもまた道化なのかもしれない。

いま来た路を、そのとおりに、もういちど歩けば、タブレットケースはある。わたしはポケットに手をいれたまま、ぶらぶら引き返した。そうしてタブレットケースを千八百円で購入した。満足であった。

バス停まで、結局一時間半くらい歩いた。序盤こそ陽気だったものの、だんだんと景色も見飽きて、股関節が痛み、自分の浅はかさを呪った。タブレットケースに手持ちのタブレットがはいるかどうか、わからないことに気がついた。わたしは骨の髄まで愚かであると思った。

ようやくバス停にたどり着いた。時刻表を眺めると、バスが来るまであと一時間くらいかかることがわかった。わたしはバスの時間を勘違いしていたのである。

困っていると、バス停の近くに「珈琲」と書かれたのぼりがあるのが見えた。カフェがあるようだ。どこからはいればいいのだろうとうろうろしていると、ペイズリー柄のモンペをはいた六十歳くらいの女性が、微笑み手招きしていた。化粧っ気はないが美人だ。たくさんのプランターが並べられた小道を、蹴飛ばさないように注意しながらついていった。カフェは想像よりはるかに広々としていて六人掛けのテーブルが三つほどあり、大きな窓から山々が見られるようになっていた。

「うちはね、ハーブは全部自家製なの」

まさかぼったくられるのではないかという疑念に駆られ、女性が差し出したメニューをおそるおそるのぞき込むと、珈琲も紅茶もハーブティーも一律五百円だったので安堵した。

「じゃあその、ハーブティーをお願いします」

注文して来るのを待った。ここはいったいどういう店なのだろう。あの人は何者なのだろう。まさかずっとここで喫茶店をやっていたわけでもあるまいし。きっとたんまりとお金があって、道楽としてはじめたのだろう。結構なことだと思った。

突如、耳の立った赤犬がはいってきて

「ワン」

と吠えていなくなった。驚いていると、窓からデニムの作務衣を着て頭をまるめたおじいさんが、さきほどの赤犬を抱えてはいってくる。

「いやいや、失敬失敬。君が歩いているのが見えてね」

第五章

河口湖

なにも言えないでいると
「ここは、おれとカミさんの店。こいつは、マル。おれにしかなつかないの」

そう言ってマルともどもわたしの前にどっかと座り、煙草をふかし始めた。呆然としているとハーブティーが運ばれてきた。薄桃色の花びらが何枚も浮かんでいた。飲むとカモミールのような、薬品のような、飲んだことのない味がした。おいしいと感じたが、どこかサッカリンのような甘みもあった。

店主はこの地へは十年ほど前に越してきたこと、富士山の陰になっているのでテレビがはいったりはいらなかったりすること、テレビがはいらないときは大抵雨の前触れなので、天気予報代わりになっていいこと、などを話しはじめた。はあ、そうなんですか。わたしは相槌を打ちながら、タイミングを見計らってはハーブティーを口に運んだ。

「ここはね、カフェでもあり、お寺なの。中国にお師匠さんがいてね。おれはお坊さん」

だから作務衣を着ているのか。在野の聖《ひじり》とでもいったところか。入口にある木彫りのほていさまが笑っているのが見えた。

「君、ひとりで来たのかい」

はい、そうですと答える。

「ええっ。友達も、ボーイフレンドも一緒じゃなく、ひとりでこんなところに来るなんて。変わっているよ、君は。独り身かい。結婚は」

曖昧に笑っていると、聖はじいっとわたしを見つめてきた。

「一応、今月入籍する予定なんです」

そうなのだった。だから今回はどうしても『富嶽百景』にしなければならなかったのだ。けれどもわたしは、いまのいままでそれが書けなかった。気恥ずかしかったのである。

聖は驚き、おめでとうと言った。犬のマルは胡散臭そうにわたしを見ては、聖にかまってもらいたがった。わたしも、わたしよりはマルにかまっていてほしかった。

聖はさもうまそうに煙草のけむりを吐き出し
「カミさんとはね、再婚なの。前の奥さんはねえ、離婚するときに、わたしには育てられないからって三人子供を預けて出て行っちゃった。全員女の子ね」

感心して黙っていると聖は続けた。

「最初の奥さんはね、デキ婚。おれ家庭教師の先生だったの。六月に大学の寮に押しかけてきて、そしたらもうおなか大きくて。ええっ、一回しかヤッてないぞ、おれって」

目を白黒させていると、聖はかっかっか、と愉快そうに笑った。とんだ聖もあったものだ。

聖の饒舌はとどまることを知らず、かつて自分がＩＴ会社の社長であったこと、自社ビルを持っていたことなどを得意げに話し、最終的には
「家は建売物件を買いなさい」

という至極通俗的な教えを賜った。わたしはありがとうございますと言いながら、建売でも

第五章

河口湖

無理だなと思っていた。そろそろバスの時間なので、と話を遮るようにして、会計をすませてカフェを出た。

バスは無事に来た。揺られながらわたしは「太宰治文学記念室」のとある写真のことを思い出していた。それは記念碑の除幕式のときの写真で、太宰の長女である園子が写っていた。髪をリボンで結わえ、別珍のワンピースを着ておめかしをしながらも、彼女はむくれていた。その顔はやりきれない怒りと悲しみに満ちているように見えた。横にたたずむ美知子夫人も、うつむいて表情は暗かった。

タブレットケースをいれてくれたポリ袋には天下茶屋の紹介文が書いてあった。そこには、太宰は晩年の一年前に天下茶屋を再訪した、とあった。これだけの場所を訪れても、死ぬ人間は死ぬ。

河口湖が見えた。湖水は冷え冷えとしている。ふと、わたしは体の端から芯までが急に冷たくなったように感じられた。こうなるともうだめで、温かいものを飲もうが湯船につかろうが、身体の奥が氷でできたようになって、何もすることができなくなる。息苦しさを覚えた。まるで肺の中に湖の水がはいってきたみたいだ。

わたしはこの先いい文章が書けるのだろうか。結婚はどうなるのだろうか。自分は何にもまともにできないんじゃないかというような気がしてたまらなくなった。わたしの目に涙が浸み出した。顔全体をぬかるみのようにしながら、わたしはそっと文庫本を開いた。

素朴な、自然のもの、従って簡潔な鮮明なもの、そいつをさっと一挙動で摑《つか》まえて、そのままに紙にうつしとること（［1］p.71）

これだ。これがやりたい。わたしはレキソタンをとりだして数錠口に含んだ。そうしてぼりぼりやった。いまは季節の変わり目だから。これはいつもなるものだから。舌が粉まみれになった。まだ、もうすこし。そうだ、夏に着る服を買おう。

バスは駅前に着いた。わたしは富士を見た。それはただそこにあった。酸漿《ほおずき》には、まったくと言っていいほど似ていなかった。

参考文献

1．太宰治『走れメロス』（新潮文庫、二〇〇五年、『富嶽百景』を収録）

第 五 章

河 口 湖

第六章

金沢文庫

……高橋源一郎『さようなら、ギャングたち』

misdo

第六章

金沢文庫

名前が変わった。違う姓を持つ人物と日本で婚姻届を出し、新しい名前になった。名前が変わると、たくさんの書類にいままでの名前と新しい名前を書く必要がある。あまり好きではない自分の筆跡で記された、つんと澄ましてたたずんでいる新しい名前。これが本当にわたしを指し示す言葉なのだろうか。さんずいが二つもあって濡れそぼっているみたいだし、トレンディドラマの登場人物のように気取った軽薄な名前なのだ。わたしには全く似つかわしくない。

わたしの下の名前はS音ではじまるため口に出しにくい。そのため友達は、苗字でわたしを呼んだ。しかし、その苗字を含んだいままでの名前はもうない。新しい名前はどこかよそよそしく、たとえ呼ばれてもわたしは振り向かないだろう。わたしは全くの名無しになってしまったような気がした。

けれども、わたしは「わかしょ文庫」だ。事前に他の名前をつけておいたおかげで、すんでのところで名無しにはならなかった。誰もわたしに「中島みゆきソング・ブック」のようなすてきな名前をつけてくれなかったから、わたしはわたし自身に「わかしょ文庫」という名前をつけたのだった。しかし、わたしは「わかしょ文庫」とは一体どういったものなのか、よくわかっていない。本のコレクションのことなのか、自主出版レーベルのことなのか。同人サークルなのか、それとも一個人を指しているのか。わたし以外の誰かがその名を口にしようものなら、照れくささと羞恥の気持ちでいっぱいになってしまう。

いまこそ「わかしょ文庫」に向き合うときが来た。きっとふさわしい場所があるはずだ。わたしは高橋源一郎『さようなら、ギャングたち』、それに『さよならクリストファー・ロビン』を手にして、金沢文庫駅へと向かった。

電車のなかで、文庫という文字を含むいくつかの言葉の意味をWikipediaで調べた。


文庫……文書、図書を収蔵する書庫のことで、まとまった蔵書、コレクションのことをいう。さらに、それを所蔵・公開する図書館や、まとまった形態によって出版される叢書のこと。

文庫本……多数の読者が見込まれる書籍を収めた小型の叢書。多くはＡ６判で、並製のため廉価。１９２７年創刊の岩波文庫が古典の普及を目的として発刊され、戦後には多数の出版社から出された。

金沢文庫《かねさわぶんこ》……鎌倉時代中期の日本において、金沢流北条氏の北条実時が設けた日本最古の武家文庫。

金沢文庫《かなざわぶんこ》駅《えき》……神奈川県横浜市金沢区谷津町にある、京浜急行電鉄本線の駅である。「文庫」と呼ばれる場合がある。


北条実時が設立した金沢文庫は現在、神奈川県立の歴史博物館になっている。わたしは見学をするつもりでいた。鎌倉時代の武家社会に思いを馳せ、そういえば「わかしょ文庫」ってなんのことでしたっけね、わたしはわたし、などとお茶を濁して原稿を終わらせようと企ててい

第六章

金沢文庫

たのだ。しかし残念ながら、空調設備改修工事のために三月下旬まで休館だという。企てというのは往々にしてうまくいかないものだ。

時速120キロメートル程度の速度だという京浜急行電鉄の快特に乗る。寒さを紛らわせるために貧乏ゆすりをしながら、わたしはあらためて今回の取材をどう進めたものか、考えあぐねていた。

金沢文庫駅は快特が止まるだけあって大きな駅で、改札を出てすぐにパン屋や服屋がはいっているのが見えた。電車の行き来にかかわらず人々はひっきりなしに駅へとやってきて、足早に通り過ぎて行く。早歩きでないと寒さが身体にしみてこたえるからだろう。外の気温は6度、雨が静かに降っていた。階段を降りると駅前には巨大な駐輪場があるほか、再開発の計画でもあるのか、だだっぴろい空間が立ち入り禁止のデッドスペースになっている。金属製の柵が檻のようにも見えた。

今日は寒いみたいだし、博物館まで行くことにしなくてよかったのかもしれない。わたしは内心でそんな言い訳をしながら、駅前のミスタードーナツへはいった。ドーナツをいくつかと飲み放題のカフェオレを注文し、二階にあがって席につく。パーカーにジーンズ姿の十代の女の子がわたしの隣に座り、参考書とノートをがばりと広げた。どうやら英語の試験勉強をしているようだ。懐かしい。わたしもかつて高校生のとき、駅前のミスタードーナツでよく試験勉強をしていた。なぜならミスタードーナツではカフェオレが飲み放題だからだ。よく飲みすぎてカフェインに反応してしまい、指先の震えが止まらなくなっていた。こうして勉強なんかしても、とどのつまりは何者にもなることができずに死んでしまうんだろう。そんなことをよく思っていた。この女の子はカフェオレをおかわりしても、自分の正体を見失って不安でたまらなくなったりはしないのだろうか。

火傷をしないよう慎重にカフェオレをすする。シナモンドーナツはかじろうとする間にシナモンがほとんどこぼれ落ちてしまった。わたしは口のなかのものをほおばりながら『さようなら、ギャングたち』のページをめくった。

『さようなら、ギャングたち』は、人々が自分の名前を自分でつけるようになった世界が舞台だ。詩の学校で詩を教える「わたし」と、「わたし」が名づけた恋人「中島みゆきソング・ブック」、そして「おしのギャング」「ちびのギャング」「でぶのギャング」「美しいギャング」といったギャングたちが登場する。

わたしが持っている『さようなら、ギャングたち』の文庫本は、それほど親しくない友人に貸したところ、カバーの下部が刃物かなにかで切られて返ってきた。無残なものだった。友人はギャングたちにそれほどむかついたのだろうか。大丈夫だよ、どうせギャングたちは一人残らず死ぬんだ。

しばらく読み進めながら、こうしてゆっくりするのは久しぶりだなとしみじみとした。毎日暮らすだけで精一杯で、腰を据えて読書をするということができていなかった。たとえばこな

金沢文庫

いだは、祖父の見舞いのために北海道へ戻っていた。最低でも二か月に一度は会いにいかないと、わたしのことが誰だかわからなくなってしまうからだ。自分でも老いつつあることがわかるらしく、すっかり元気をなくした様子で、祖父は誰に語りかけるでもなくこう言っていた。

「あれはなんて言ったたっけなあ。あれだ。みかんじゃないんだ。上のほうが出っ張っていてなあ」

スキンヘッドに強面の祖父はかつて、やくざ者に間違われることも多かった。しかしいまとなっては、頭のなかに閉じこもったまま出てこようとしない言葉に困る無力な老人になり果てていた。わたしは必死に祖父を助けようとした。どんな色なの？　大きさは？　しかしわたしの発した「色」や「大きさ」といった言葉すら、祖父に届いているようには思えなかった。


「おしのギャング」の目には涙がにじんでいた。それは絶望の涙だった。

「ゆっくり」とわたしは言った。

「ゆっくり見てごらんなさい。あわてることなんかないんですよ」

まっ白。まっ白。まっ白。まっ白。

まっ白。まっ白。まっ白。まっ白。

まっ白。まっ白。まっ白。まっ白。

まっ白。まっ白。まっ白。まっ白。

まっ白。まっ白。まっ白。まっ白。

まっ白。まっ白。まっ白。まっ白。

まっ白。まっ白。まっ白。まっ白。

まっ白。まっ白。まっ白。まっ白。

まっ白。まっ白。まっ白。まっ白。

まっ白。まっ白。まっ白。まっ白。

まっ白。まっ白。まっ白。まっ白。


「おしのギャング」はすっかりうちのめされ、ギブ・アップ寸前だった。

行けども行けどもつづいている空白の頁の荒野に、「おしのギャング」は力なくすわりこんだ。

「しっかり！　止まらないで！」とわたしは言った。（[1] p.235-236）

祖父はまごついていた。どもり、いくつかの不正解の言葉を発して、ふいに
「なんて言ったか。デコポンって言ったかな」
ぽろりと正解の言葉がこぼれおちた。祖父はぴんと来ない様子だった。なんとか正解の言葉をその場に刻みつけたくて、わたしは
「ああ、デコポンね。デコポン、デコポン」

第六章

金沢文庫

デコポン、デコポンと、なおも繰り返し馬鹿のように唱えた。デコポン。この世でもっとも光り輝く、黄金のような美しい言葉だと思った。

祖父の家に行ったはいいが、とりたててすべきこともなかった。わたしはアルバムを引っ張り出して、二十年以上前のわたしと祖父が並んで芋を掘っている写真を見つけ出した。新しい名前のことなんかつゆ知らず、いままでの名前そのものであるわたしだ。その写真をじいっと見てから、祖父は言った。

「もう、誰が誰だかわからんな」

名無しになったわたしは黙ってそれを聞いていた。

祖父から言葉が抜け落ちていく。周りにも自分にも厳しくしっかり者で、ボイラーの修理から池の増築工事までひとりでなんでもできた祖父。祖父を形作り、祖父そのものだった言葉たちが失われていこうとしていた。祖父の記憶が、知恵が、思考が、人生が、何もかもが消えてなくなっていく。祖父は言葉を失うことで何者でもなくなろうとしている。

祖父はふとしたときに、いままで決して見せることのなかった表情をするようになった。何の言葉も出てこないのにぽかんと開いた口は、だらしなく開ききった肛門のようだった。光を失ったガラス玉の瞳に、祖父にとって何者でもない人間が映っていた。おずおずとこちらをのぞきこむその人物は、まぎれもなくわたしの外見をしていた。わたしはその人物から目を背けた。

「もうおわりだ」

「春には生きていないかもしれないからな」

生きることをすぐに諦めようとする祖父に、この世にいるよう思いとどまらせるようなことを何も言えなかった。気まずい沈黙のなか、ふと『さよならクリストファー・ロビン』のことを思い出した。あらゆる物語の登場人物たちが仲良く暮らしていたのに、ある日虚無が訪れて何もかもが消滅してしまう。わたしたちはまるで、その世界のイーヨーとプーのようだった。


「プー、いままで、ありがとう」

「なにをいいだすんだ、イーヨー」

「ぼくはバカで、ノロマで、陰気だろ？　それに、ぜんぜん、勤勉でもない。もう、いくら書いても楽しくないんだ。だから、もう、なにも書かないことに決めたんだ」

「イーヨー！　行っちゃ、ダメだ！」

「行く？　どこへ？　みんながいう『虚無』とやらに？　ねえ、プー、ぼくはね、いまはもう、『虚無』に憧れているのかもしれない。『虚無』に抱かれて、眠ってしまいたいのかもしれないんだ」（［2］p.22）

『さよならクリストファー・ロビン』の登場人物たちは、消えてしまわないよう、必死で自分

第六章

金沢文庫

の物語を書く。それが虚無に飲み込まれない唯一の方法だからだ。しかしみんな疲れ果て、書くことをやめてしまう。そうしてイーヨーも、ピグレットも、ティガーですらも消えてしまう。

虚無に飲み込まれようとする祖父のかわりに、わたしが言葉を尽くしてあげたい。まるで輸血みたいに、わたしの言葉を祖父の身体に注ぎ込みたい。けれどもきっとそうしたところで、プーとクリストファー・ロビンが迎えた運命と同じ結末が待っているだけだろう。自分が選びとった言葉だけが自分をつくることができる。わたしにはせいぜい、祖父が言葉を使うよう手助けをしてあげることしかできない。でももしかしたら、それすらもわたしの自分勝手さの表れにすぎないのだろうか。

わたしは深く息を吸い、ゆっくり吐いた。金沢文庫のミスタードーナツにこもってから、かれこれ六時間も過ぎていた。結局、他にはどこにも行かなかった。外はもう真っ暗で、カフェオレを七杯も飲んでしまったから指先が震えている。これではどんな言葉をタイピングしても間違えてしまうだろう。

でも書かなければ。「わかしょ文庫」でいるためには書き続けなければいけない。他ならぬわたし自身が書いているあいだだけ「わかしょ文庫」は存在する。わたしは「わかしょ文庫」を生きることができる。でも、ひとたびやめれば、虚無がやってきてしまう。何者でもないわたしは虚無に飲み込まれたが最後、あっけなく消えてしまうだろう。

わたしは「わかしょ文庫」だ。他ならぬわたし自身がそう決めた。震える手で書き続けるかぎり、そうなのだ。ただの会社員にすぎなくても、わたしは「わかしょ文庫」を生きる。虚無が来るにはまだ早い。

参考文献

1. 高橋源一郎『さようなら、ギャングたち』（講談社文芸文庫、一九九七年）
2. 高橋源一郎『さよならクリストファー・ロビン』（新潮社、二〇一二年）

第 六 章

金 沢 文 庫

第七章

馬喰町

……宮沢賢治『銀河鉄道の夜』

大吟醸
大吟醸
一ノ蔵

第七章

馬喰町

夜行列車に乗って宮沢賢治『銀河鉄道の夜』を読もう。思いついたのはいいのだが、夜行列車「トワイライトエクスプレス」「北斗星」「カシオペア」はいずれも北海道新幹線開業を機に廃止となっていた。「サンライズ瀬戸・出雲」に乗車することも考えたが、南下するし、目的地に到着してからが問題だ。その時点で目的はすでに達成されてしまっているからだ。ただただ朝日を浴びて、そうしてまたすぐ帰りの列車に乗ればよいのだろうか。

どうしようかと検索を続けていると、馬喰町《ばくろちょう》に、北斗星の座席や調度品をそのまま使ったホステルがあることがわかった。その名も「北斗星」。さっそく年末の金曜の夜に予約をとった。

予約当日、職場は年の瀬に浮かれていた。仕事納めなのだ。すでに連休にはいっている者も多い。残った者たちも別段すべきこともないのに、気持ちだけがはやって空回りしているようだ。

日も沈もうとする頃、仕事もそこそこに集まるよう号令がかかった。定年退職を迎えるひとの長い挨拶があった。

「退職までに死なないこと。これがわたしの人生の第一の目標でした。この目標がかなったいま、わたしはとても幸せです」

わたしは彼のスーツに輝く金色のボタンを見ていた。

差し入れの高いワインで乾杯がはじまった。今年は予算削減のためにすし桶がない。ひととおり会が終わり、わたしはあまった日本酒の一升瓶を抱え、顔を真っ赤にしたまま馬喰町へと向かった。

ホステル「北斗星」は総武線馬喰町駅4番出口直結である。外に出るとすぐに「北斗星」と書かれた光る丸い看板があるのでわかりやすい。中に入って受付をすませ、部屋へ向かった。わたしのベッドは二階の202下段だった。すでにカーテンを閉めて寝ているひとがいたので、邪魔にならないよう物音を立てないようにコートを壁にかけ、そっと枕の位置を動かして横になる。読書灯をつけたり消したりした。スイッチの感触が楽しい。

全身がまだ火照っていた。飲みすぎた。ワインも日本酒も久しぶりで、調子にのってたくさん飲んでしまった。ひとと一緒にお酒を飲むと覚めたときに余計むなしくなる。なるべく断酒しようと思っていたのに。次こそは気をつけよう。けれどもきっとずっとこのままなんだろう。意志薄弱だから、ひとと飲酒をするときの、つかの間わかりあえているのではという幻想への誘惑に負けてしまうのだ。

ぼんやりと天井を眺めると、白くて何のとっかかりもなくすべすべとしていた。いかにも列車だという気がした。今夜、このカーテンで閉じられた内側はわたしだけの空間だ。

シャワールームで汗を流し、海老茶色の作務衣のような館内着に着替えた。ベッドに戻ってペットボトルのお茶をごくごくと飲む。ずいぶんと美味しく感じる。わたしは読書灯をたよりに『銀河鉄道の夜』を読み始めた。室内は静かで、空調とわたしがページをめくる音しか聞こえない。

ザネリ嫌なやつだな。ザネリは、ジョバンニのことをからかう少年の名だ。それも、ジョバンニが気にしている父親のことを口にする。でも、わたしもどちらかというとザネリ寄りの人間だろうな。ジョバンニとカムパネルラは純粋すぎる。ザネリはきっと二人のことがうらやましいのだ。わたしはもう自己犠牲の精神を失ってしまった。

幼稚園の頃、木工用ボンドのふたをなくしたと騒ぎ立てる子に、それならわたしのをあげると差し出した。それならあなたのが固まってしまうじゃないと先生に言われ、周りの子みんなから笑われた。あのときわたしはひとりきりで、もう二度とこんなことはしない恥をかくだけだ、と思ったのだった。

酔いも覚め、なんだか悲しくなってきた。共用キッチンからもらってきたコップにこぼさないように日本酒をいれてあおった。自宅からそう遠く離れているわけでもないのに、本当の旅みたいな感じがする。

第七章

馬喰町

気がついてみると、さっきから、ごとごとごとごと、ジョバンニの乗っている小さな列車が走りつづけていたのでした。ほんとうにジョバンニは、夜の軽便鉄道の、小さな黄いろの電燈のならんだ車室に、窓から外を見ながら座《すわ》っていたのです。車室の中は、青い天蚕絨《びろうど》を張った腰《こし》掛《か》けが、まるでがら明きで、向うの鼠《ねずみ》いろのワニスを塗った壁《かべ》には、

…真鍮《しんちゅう》の大きなぼたんが二つ光っているのでした。（［1］p.203）

ジョバンニはいつのまにか銀河鉄道に乗っている。前の席には誰あろうカムパネルラがいる。銀河鉄道はアルコールか電気か、なにか不思議な力で天の川や星々のあいだを静かに走っていく。彼らと一緒に旅をするのはこれで何度目になるだろうか。横にたたずみ彼らを見守っているような気持ちになる。停車場から歩いた河原は一粒一粒が小さな宝石でできている砂がいっぱいで、水は燃えるみたいに光る。彼らが驚くものひとつひとつ、わたしはすでにすべて知っている。

…「ここへかけてもようございますか。」（［1］p.216）

鳥捕りだ。鳥を捕まえてチョコレート味の食べられる押し葉にしてしまうひと。以前は奇妙に思ったが今はそうでもない。とある展覧会で、引き出しいっぱいに平べったい鳥の剝製が折り重なってしまわれているのを見たからだ。あれもきっとチョコレートの味がするのだろう。ジョバンニにもカムパネルラにもなれないのならば、鳥捕りになりたかった。この世のものとも思われない美しいものを捕まえて、ひとびとにとって甘くて美味しくて気軽に食べられるものに変えてしまう。そんなことができたら、どれだけ素晴らしいことだろう。

わたしは日本酒を一口すすり、袋を開けてスルメをかじる。ジョバンニとカムパネルラは、船が氷山にぶつかって沈んでしまったという子供たちと出会う。ジョバンニはカムパネルラが楽しそうに話をしているのを見て嫉妬をするが、やがては子供たちともさよならをしなければいけなくなる。ジョバンニとカムパネルラはまた二人きりになった。わたしは一度本を閉じ、横になった。手を伸ばしてペットボトルをとってお茶を飲み、そうしてまた元に戻した。目を閉じる。

　わたしもまたわたしにとってのカムパネルラたちと過ごした無数の夜があった。夜中に外をどこまでも駆けていったこと。海を見に行った日。車窓にうつる憂いを帯びた顔つき。いくつもの記憶が、まばゆいばかりの色彩を伴ってまぶたの裏でちらつく。わたしはいつも、どこか大人びた雰囲気をもつ誰かにひかれ、彼ら彼女らと過ごすことで、わたし自身に数え切れないほどの問いかけをしていたのだった。カムパネルラたちは皆、わたしの知らないことをよく知っていて、生きるということにわたし以上に深い洞察力を持っていた。みな見聞きをする力があり、俗世に対してどこか冷めてあきらめていた。そんなカムパネルラたちと二人きりでいると、わたしも一緒にどこか遠くに連れて行ってくれそうな気がしたものだ。わたしはどこまでもどこまでもカムパネルラと一緒にいたかった。

「カムパネルラ、僕たち一緒に行こうねえ。」ジョバンニが斯《こ》う云いながらふりかえって見ましたらそのいままでカムパネルラの座《すわ》っていた席にもうカムパネルラの形は見えずただ黒いびろうどばかりひかっていました。ジョバンニはまるで鉄砲丸《てっぽうだま》のように立ちあがりました。そして誰《たれ》にも聞えないように窓の外へからだを乗り出して力いっぱいはげしく胸をうって叫びそれからもう咽喉《のど》いっぱい泣きだしました。もうそこらが一ぺんにまっくらになったように思いました。（［1］p.256–257）

わたしは勝手に、平凡な人間にカムパネルラを投影して自分を洗脳していたのかもしれなかった。見たいものしか見たくはなかった。一年も経つとカムパネルラと誰かとのずれは無視できないものになる。やがては疎遠になり、ずっと一緒にいるということができなくなってしまう。わたしによって勝手にカムパネルラにされたみんなもそのずれに気がついていたのだろうか。

眠りに入る前に、わたしは以前、同僚が言ったことを試そうとしていたことを思い出した。夜行列車のなかでテクノなどの規則性を持つ音楽を聴くと、脱力感と浮遊感があり自己同一性を失ってしまいそうになる。それが言いようもなく気持ちいいらしい。どうしてもその感覚を共有したかった。

用意していた曲を聴きながらしばしうとうとした。トパーズ、チョコレート、ふたつの金ぼたん、アンタレスはさそり座の赤い星のこと。支離滅裂な言葉が頭に溢れていることに気がつ

第七章

馬喰町

き、目が覚める。ここは列車と違って振動がないから、また違うのだろう。音楽の拍子と振動が絶妙なポリリズムを形成することによって多幸感が生まれるのではないか。きっとそうに違いない。わたしはまた音楽に集中しようとした。徐々に言葉はひとつも出てこなくなって頭のなかが音楽でいっぱいになる。眠りに落ちるその瞬間、確かに言葉をすべて失い、わたしは宇宙と一体化していた。境界線を完全に逸していた。だがつかの間、頭のどこかで危ないという言葉が生まれ、また目が覚めた。これのことか。しかし境界線のある世界でわたしはどうしようもなく一人だった。

朝起きて、洗顔とうがいの次にわたしがしたことは、フロントからパナソニック製レッグリフレを借りることだった。SNSをフォローすると無料で借りることができると、貼り紙が告げていた。食堂車をイメージした共用スペースで、脚を力いっぱい機械に揉みほぐされる。わたしはタブレットを開いた。無料Wi-Fiに接続し、おもむろにタイタニック号の犠牲者たちについて調べ始めた。子供たち、若者、女性、老人。多くの犠牲者の名前がひとりひとり掲載されているページを眺める。銀河鉄道は全員を乗せることができただろうか。彼らはやがてひとつになったのだろうか。

チェックアウトをして「北斗星」を出た。外は雲ひとつなく晴れ渡っている。通りを歩くひとは誰もいない。わたしはこうしてまた、カムパネルラなしで生きていく。

参考文献

1．宮沢賢治『新編 銀河鉄道の夜』（新潮文庫、二〇一二年）

第七章

馬喰町

第八章
池上

……尾崎翠『第七官界彷徨』

第八章

池上

言葉が出てこない。まとまらない。わたしはそのような症状に悩まされていた。何かしらが頭にあるような気がするのに、それが音や文字を伴って出てこないのである。特に会社でメールを打っているときなどにその症状は顕著に出て、わたしは鈍く光る液晶画面を前に黙って座っていた。どうしよう、宛名と署名以外に何も書くことができない。指先から汗が浸み出してキーボードのホームポジションを黒く光らせていく。時間ばかりを持て余していると、ゆっくり温めたとろみのある液体が沸騰してごぼりと音を立てるように、文章の断片が記憶の奥底から湧き上がってきた。

――私はひとつ、人間の第七官にひびくやうな詩を書いてやりませう。（［1］p.277）

前触れなく浮かんだのは、「第七官」というものがいったい何なのか、わからないままぼんやりと生活を営む小野町子の言葉だった。尾崎翠によって昭和六年に発表された『第七官界彷徨』の主人公である。彼女に導かれるように、わたしは次に訪れる場所を決める。都内のどこかでコケを見よう。『第七官界彷徨』では、コケが重要な役割を果たすのだ。さっそく「都内コケ」と検索をすると、大田区池上の本門寺はホンモンジゴケというコケが初めて見つかった場所であることがわかった。わたしはホンモンジゴケを見るために池上を目的地にした。

自宅から池上に行くためにはまず蒲田へ行く必要があった。縦にも横にも長い京急蒲田駅、そこから東急蒲田駅の間は、同じ蒲田駅と呼ぶことに抵抗を覚えるほどの距離がある。のんびりと歩いてだいたい十分ほどかかる。商店街のアーケードをずんずんと進んでいくと視界が大げさに上下に揺れた。実はここ数日ずっと三半規管の調子が悪く、めまいが続いていたのである。めまいに伴い聴力もすこしだけ鈍っていた。これはもう十年以上前から付き合ってきた症状で、命に係わるわけではないし心配するほどの発作でもない。だが乗り物酔いのようで吐き気もあるし、決して気分がよいものではなかった。わたしは蒲田の町をよろめきながらさまよった。まるで手ぶれのひどいカメラにでもなったように、視界に入るものの輪郭が周りと溶けあって見える。お出汁の匂いがした。どこかにお蕎麦屋さんでもあるのだろう。普段の生活は、オフィスワーク中心で視力と聴力頼みのところがあるが、その二つが弱まったことで嗅覚が敏感になったようにも思える。だとしたらバランスがよくなったのかもしれない。

ＪＲの蒲田駅の建物にはいって改札前を通りすぎ、反対側にまわると東急線の蒲田駅がある。電車がもうホームに着いていたのであわてて改札に入って乗りこみ、座席の端に座った。電車はゆっくりと走り出す。わたしは持ってきた本を開いた。

『第七官界彷徨』は、詩人を目指す小野町子という少女が、五感でもなく第六感でもなく「第七官」にひびく詩を書こうと思いつくところからはじまる。彼女は、分裂心理病院の医者である長兄の一助、蘚《こけ》の恋愛について研究をする植物学者の次兄の二助、そして音楽予備校に通う従兄弟の三五郎と共同生活をしており、炊事係を担当している。彼女は実は、「第七官」が

第八章

池上

いったいどういう器官なのかわかっていない。わからないまま生活を営み、コミックオペラを歌ったり詩を朗読したり、あるいは恋らしきものをするばかりだ。果たして小野町子は「第七官」の正体を突き止め、詩人になることができるのか。

　本を閉じてつかの間目を閉じると、暗闇が回転しているような気になったのであわてて目をあけた。ふと、なんだか変な臭いがすることに気がついた。消毒液と、皮脂と、生乾きの臭い。それらがまるでトップノート、ミドルノート、ラストノートのようにして鼻腔に順に入り込んでくる。どうやら、座席の横側にもたれている男性が着ている青いダウンジャケットからその臭いがしているらしかった。変な臭いだけど、そこまで不快でもないな。わたしはむしろ異臭を構成する三つの要素を嗅ぎ当てられたことに感動していた。臭いは混ざり合ってやがてひとつになった。

　二駅で池上駅に到着した。電車に乗っていた乗客の半分ほどが降りて、わたしは池上が人気のある町であることを知る。天気がよい。喫茶店や仏具屋や和菓子屋の先に、長い石段が見えた。この先に池上本門寺があるのだろう。石段をひとつひとつ登ると、足が着くときの振動でまたもや視界が上下に揺れる。階段を登っているのだから身体の前側に重心を置かないとならないのに、ふとした拍子に後ろ側に置いてしまいそうになる。後頭部から着地しそうだ。視界が回転する。雲ひとつない青空。

第七官といふのは、いま私の感じてゐるこの心理ではないであらうか。私は仰向いて空をながめてゐるのに、私の心理は俯向いて井戸をのぞいてゐる感じなのだ。（[1] p.328）

池上本門寺の境内は翌日に控えた節分の準備中だった。プードルを散歩させている人がいる。雑種の犬を散歩させている人もいる。階段もあって運動にはちょうどよさそうだ、などと考察している場合ではなく、わたしはコケを見にきたのだった。ところがあたりはコケむした様子はなく、石のタイルとタイルの間に目を凝らせば見えるかな、といった程度だ。これなら家の近くの舗装道と変わりない。冬だし乾燥して色褪せていないかなと心配していたのだが、そもそもほとんど生えていなかった。ひとまず、すこしでもこのぼんやりした頭がましになるよう常香炉の煙を浴び、「浄財」と書かれた箱に五円玉を投げ入れて本堂を拝んで、気を取り直してからもう一度ホンモンジゴケについて検索した。

なんでも、ホンモンジゴケは他の多くの植物とは異なり、銅を好む銅ゴケであるらしい。五重塔のあたりで発見された。五重塔は高さがあるのですぐに目に入った。重要文化財で慶長十三年に建てられたものだそうで、そう聞くといかめしく見える。見上げると具合が悪くなるので視線を下の石垣に向けた。コケはそれほど生えていないように思える。塔の横へ周ると、石垣を鮮やかな緑色のものが覆いつくしているのがわかった。恐る恐るさわると柔らかく、いつまでもなでていたかった。なでて指とコケの境界線が溶け合ってしまえばいいと思った。けれどもこれが本当にホンモンジゴケなのかどうかはわからなかった。目をこらせばこらすほど、輪郭はぼやけてしまうし、カメラで写そうとしてもぶれてしまって、他のコケと見分けがつかない。

五重塔からすこし歩くと

「力道山の墓所はあちらです」

と矢印の書かれた看板が目にはいった。力道山って、あの力道山か。指示に従って歩くとまた、同じ文言の看板がある。その看板のとおりに歩くと、また看板があった。そうしてわたしは力道山のお墓にたどり着いた。本物だ。お寺が、檀家の墓をまるでテーマパークのように宣伝していいものか、と思ったが、だめということもないのかもしれない。お墓の前に銅像が建っていて、わたしは顔を含め力道山のことを何も知らないということを知った。

力道山のお墓を見たことによってなんだか満足し、わたしは池上本門寺をあとにした。和菓子屋さんがあったのではいり、くず餅が有名らしいので注文した。わたしはタブレットを手に取り、出してもらった水を飲んで一息ついた。すぐにくず餅のセットが運ばれてきた。関東のくず餅は葛粉からできているものではなく、小麦粉を発酵させているものらしい。口にすると弾力があるが発酵しているかどうかはよくわからない。そんなことを考えながらむせた拍子に、きな粉が勢いよく舞ってタブレットの上にちらばった。

けれど二助はなほ蘚から眼をはなさないでうで栗を噛み割つたので、うで栗の中味がすこしばかり二助の歯からこぼれ、そしてノオトの上に散つたのである。私は思はず頸をのばしてノオトの上をみつめた。そして私は知つた。蘚の花粉とうで栗の粉とは、これはまつたく同じ色をしてゐる！　そして形さへもおんなじだ！　そして私は、一つの漠然とした、偉《おお》きい知識を得たやうな気もちであつた。――私のさがしてゐる私の詩の境地は、このやうな、こまかい粉の世界ではなかつたのか。蘚の花と栗の中味とはおなじやうな黄色つぽい粉として、いま、ノオトの上にちらばつてゐる。（［1］p.342　ルビは引用者による）

わたしは粉を見た。それはきな粉であるようにも見えたし、それ以外の粉にも見えた。指で押さえつけると、粉は指紋の細かな筋の間に入り込み、わたしと同一になった。

「第七官」とはどのような器官なのか。「第七官」とは言葉のことだとする評論もある［2］。けれどもわたしは「第七官」のことを言葉と呼びたくない。確かに『第七官界彷徨』は詩人になろうとする話だから、これは言葉に向けて書かれた作品だと言える。小野町子は「誰かいちばん第七官の発達した先生」に詩を送ろうと思うくらいだし、「第七官」＝「言葉」という図式は容易に成り立ちそうに思える。けれどもわたしはどうしても、「第七官」を言葉であると言いたくない。このように刻一刻と変化し増殖する生き物のようなものを、わたしは言葉と呼びたくない。呼んでしまっても差支えない気はするが、たとえばこれは、辞書に書いてあるような言葉ではない。辞書の、言葉と意味が一対多であるような言葉ではなくて、「第七官」におけるそれは、意味に対して多対多だ。言葉のことを言葉と呼んでしまったときから、意味が膨れ上がってずれていってしまって、あれ、本当に言葉だった?と思ってしまうようなものだ。だからわたしはそれを言葉であると言い切ってしまいたくないのである。言い表すことのできないもの、言い表したと思ったらすぐにミクロの単位で変化して違うものにすり替わってしまうもの。その法則が成り立つ世界こそが第七官界であり、その世界を知覚することができる器官が「第七官」だ。

たとえば「力道山」はどうだったか。一人の男が相撲部屋に入門して「力道山」という名前が与えられてから、彼が生きることで「力道山」にあらゆる意味が持ち込まれたのだ。彼は日本名百田光浩であり同時に朝鮮名金信洛であって、言うなればどんな名前であってもよかったわけだが、「力道山」はある時点では二所ノ関部屋の関脇を意味し、ある時点ではレスラーとして大活躍をするブラウン管の中の白と黒の光の点だったのである。男が生きれば生きるほど、「力道山」は意味を増していったのだ。

そんなことを考えながら満足し、わたしはくず餅を食べ終わり珈琲を追加で注文して飲み干した。先ほどからタブレットには一字も打ちこまれておらず光を放つだけだが、大丈夫だろう。なぜならそれは、言葉になろうとするものの本来あるべき姿だからだ。わたしはひと安心をして、タブレットを鞄にしまって和菓子屋をあとにした。だからもしもこの原稿が書けていないのだとしたら、それはわたしがいままさに第七官界を彷徨しているということの証明に他ならないのです。

参考文献

1. 尾崎翠著、稲垣眞美編『定本　尾崎翠全集　上巻』（筑摩書房、一九九八年、『第七官界彷徨』を収録）
2. 渡部直己『日本小説技術史』（新潮社、二〇一二年）

人の五官も六官も越えたそれが、舌や鼻や肌や耳や眼や、胸騒ぎや直感からの隔たりにおいてこそ如上ちかぢかとこれらを誘いこみ、誘いながらけっして合致しないものであるとすれば、「第七官界」とはそのじつ、言葉そのものの異称ではないのか、と。（p.486）

第八章

池上

第九章

産業道路

……大江健三郎『万延元年のフットボール』

COSTCO

第九章

産業道路

大江健三郎の『万延元年のフットボール』を読むのに最も適した場所はコストコなのではないか。ふと頭によぎった仮説が真実かどうか確かめることにした。わたしはコストコに行ったことがない。コストコはアメリカからやってきた、物を安く大量に購入できるスーパー。行ってみたい気はしていたものの、年会費がかかり足繁く通わないとお得にならないため、あきらめていた。だが仮説検証のためには行くしかない。わたしは使命感に燃えていた。

自宅から最も近いコストコは、「コストコホールセール　川崎倉庫店」である。最寄り駅は産業道路駅だ。わたしはICカードに多めにチャージし、まずは京急川崎駅へと向かった。階段を降りたあとに改札を出ず、左側に抜けるとそこが大師線のホームである。大師線は多摩川に沿って東へと延びていく路線で、いまいち目的地のはっきりしないところが乗客のすくなさや、車内に漂う牧歌的な雰囲気に表れている。

『万延元年のフットボール』は、語り手の根所蜜三郎にそっくりな親友が、奇妙な方法で自殺したことが明かされるところからはじまる。親友は朱色の塗料で頭と顔をぬりつぶし、素裸で肛門に胡瓜をさしこんで首を吊って死んだのだ。蜜三郎は、重い知的障害を負った長男を養護施設に預けたことに罪悪感を抱いている。妻の菜採子はウイスキーが手放せない。蜜三郎の弟の鷹四は、かつては安保闘争に身を投じ、その後はアメリカを放浪していた。鷹四の帰国を契機に、蜜三郎たちは育った集落である四国の「谷間」に戻って新生活を始めようとする。ところが「谷間」はかつての習慣が失われ様変わりしており、「朝鮮人部落出身」の「天皇」が経営するスーパー・マーケットの存在がその一因となっているようだ。鷹四は、曾祖父の弟がおよそ百年前に行った一揆になぞらえるようにして、「スーパー・マーケットの天皇」に反旗を翻そうとする。

もちろん、この「スーパー・マーケットの天皇」にちなんで、コストコで読んでみたらどうだろうかと思ったのだ。産業道路駅は洞窟を思わせる暗い駅で、工事中らしかった。駅を出ると高速道路の高架が見えて、空は晴れていたが圧迫感がある。ここから二・四キロメートル歩く。三十分ほど道路沿いに歩くと、巨大な白い四角形の建物が目に入った。これがコストコか。

車にひかれないように気を付けながら駐輪場の前を通り、コストコの出入口の前にたどり着いた。十人ほどの人たちがコンクリートでできた段差に座り込んで、ピザやらハンバーガーやらを食べている。嫌な予感がした。フードコートがいっぱいなのかもしれない。これでは居座って『万延元年のフットボール』を読むことは難しいだろう。

「いま蜜が東京でやっているすべてのことを放棄して、おれと一緒に四国へ行かないか？　それは新生活のはじめ方として悪くないよ、蜜！」（［1］p.69）

何はともあれ入会しようと店内に入った。ものすごい人で、どこにどう並べば入会できるのか全くわからない。カジュアルな格好をしている店員にためらいつつも話しかけると、バイン

第九章

産業道路

ダーにはさまれた書類に必要事項を記入して列に並ぶよう促された。貼りついたような笑顔の女性に言われるがままにマスクを外し、青色のスクリーンの前に立って顔を撮影され４８８０円を支払うと、カードが発行された。これで入会完了というわけである。受け渡されたカードの裏側には、白黒で写るぼんやりとしたわたしがいた。目に光がなく病人のようである。前触れなく撮影されたので両方の肩の高さが著しくずれていた。

会員登録スペースの奥にあるフードコートは、黒山の人だかりで大行列になっている。しかし回転が早いのではと意を決して並ぶと、予想通り列が進むのは速く、わたしはプルコギベイクとコールドブリューコーヒーを注文した。

「お砂糖とミルクは必要ですか」

「いらないです。アイスで」

「えっと」

「アイスで」

フードコートは空いている席がひとつもなかった。会員歴が最も浅いわたしは気圧されるようにしてもう一度外に出た。コンクリートの段差に座り込み、三十センチくらいあるアルミホイルの包みをあけた。

プルコギベイクとは、フランスパンのような固めのパンの内側が空洞になっていて、そこに味のつけられた牛肉がこれでもかと詰まっているというものだ。野蛮にかじりつくたびに肉汁があふれだす。すこししょっぱいけれども美味しい。片手で持って貪りながら、もう片方の手で本を持って読み始めた。もちろん「スーパー・マーケットの天皇」の出身地にちなんでプルコギベイクにしたのだ。

四歳くらいの男の子がわたしのとなりで、叫びながら飛び跳ねていた。ベビーカーのなかの弟も、呼応するように悲鳴をあげはじめた。

「やめなさい！」

母親らしき身ぎれいな格好をした女性が、醸し出すプチ・ブルの雰囲気にふさわしくないほど激しく怒っていた。父親も険しい表情で男の子の頭を軽くはたいた。すみません、と小声でわたしに向かって言うので、軽く会釈しておいた。男の子はそれでもまだ、怒られる境界線を探るかのように小刻みに跳ねていた。

それから僕は、街路いっぱいの老人たちのなかに、縊死《いし》した友人と、養護施設におくりこまれた白痴の赤んぼうが、やはり帽子を耳もとまでかぶり黒っぽい服を着こみ、深い靴をはいて参加していることに気づく。（中略）かれらの世界にむかって駈けこもうとし透明な抵抗力に阻まれて、僕は悲嘆の声をあげる。

——僕がきみたちを見棄てた！（［1］p.60）

第九章

産業道路

ここで本を読むべきではないな。わたしは空になったアルミホイルをまるめ、もう一度コストコにはいった。会員証をかざし中にはいると、まずは大型テレビが売られていた。誰がコストコでテレビを買うんだろう。

「スーパー・マーケットが、森の高みに共同アンテナを立ててテレヴィを売りこんでねえ、アンテナ権が三万ですが！　それでも窪地で十軒は、テレヴィをつけましたが！」と助役はいった。（［1］p.219）

子ども用のキーボードが陳列されているのが目にはいった。数十種類の音色が出せて、簡単な打楽器のボタンもついて数千円だ。試しに弾いてみたら気恥ずかしいながらも楽しく、欲しくなってしまってはっとした。これがコストコの策略か。こうして金銭感覚を麻痺させて、欲しくもないものを買わせる魂胆なのだろうか。子ども用のキーボードなんてその実、わたしは全く必要としていないのだった。

スーパー・マーケットの出口からはまた二、三人の女たちが出てきて外側で待ちうける連中に迎えられたが、出てきた女たちのひとりは、「こげなもの！」と自嘲的な荒あらしい嘆声をあげた。それは顔を赤銅色に上気させた中年女で、ゴルフ・クラブをかたどった青い合成樹脂の玩具をふりかざし、眉根をしかめしかもクッ、クッと笑っているのである。
（［1］p.153）

山盛りの洗剤やすっかり空になったトイレットペーパーの棚を通りすぎると、子どもがいたるところで絶叫し、走り回っているのが見えた。声があたりに響き渡るので、自然とそれを注意する声も鋭いものになっている。みんな幸せになるために買い物がしたくて、それでスーパーに来るんじゃないのか？　しかし目にはいる人々は殺気立ち、苛立ちを隠せない様子だ。ベーグルは最低でも十二個から。ポルトガル風エッグタルトは十六ピースで７９８円。ディナーロールという名の小さなパンが三十六個入りで４５８円。きっと安いのだろう。けれどももう、一個あたりいくらなのか確かめる気にならなかった。両手でもあまるであろう血のしたたるようなひき肉、皿いっぱいのサーモン。わたしは目にする情報量の多さに、すっかり疲れてしまっていたのである。こげなもの！

コストコはあまりにも広く、あまりにもたくさんのものが売られていた。うろうろしていると、なんとそこには庭に設置するためのテーブルとイスのセットがあった。ハンドルで左右に動かすことのできる、日よけにおあつらえ向きの巨大なパラソルまで飾られている。もしかして、ここでならゆっくり本が読めるんじゃないか。わたしは生唾を飲んだ。とりあえず、無害な客を装ってここに座ろう。

第九章

産業道路

「おれは、ひとりの人間が、それをいってしまうと、他人に殺されるか、自殺するか、気が狂って見るに耐えない反・人間的な怪物になってしまうか、そのいずれかを選ぶしかない、絶対的に本当の事を考えてみていた。その本当の事は、いったん口に出してしまうと、懐にとりかえし不能の信管を作動させた爆裂弾をかかえたことになるような、そうした本当の事なんだよ。」（[1] p.258）

わたしが座ってからちょっとして、ご婦人が二人、巨大なカートを横につけて同じテーブルセットのイスに腰かけた。この文面が目に入れば、ぎょっとされてしまう。わたしは慌てて本を閉じた。

「これ偽物よ」

「えっ」

「ほら、木じゃないわ」

二人は各々の手でテーブルを何往復かさすったので乾いた音がした。

「本当だ。木に見えるよう塗っているだけね」

「地方の人ならまだしも、こんなもの買ったって！　置く庭がないわよ。ひどいものね」

わたしは立ち上がり、よろめきながらその場をあとにした。

会計をしている人のうしろをすり抜けるようにしてレジの外に出ると、わたしはフードコートに戻ってきてしまった。まだ人はたくさんいるものの、ランチタイムから時間も経ったことでまばらに空席が見える。一人でコーヒーを飲んでいた初老の男性に座ってもよいか了承をとって、わたしはその人の斜め前に陣取った。

「この窪地に朝鮮人が来てからというもの、谷間の人間は迷惑をこうむりつづけでしたが！　戦争が終ると、朝鮮人は、土地も金も谷間から捥《も》ぎとって、良い身分になりましたが！　それを少しだけとりかえすのに、なにが同情してかからねばなりませんかの？」

「ジン、もともと朝鮮人は望んで谷間に入って来たのじゃないよ。かれらは母国から強制連行されて来た奴隷労働者だ。しかも僕の知っている限り、谷間の人間がかれらから積極的に迷惑をかけられたという事実はない。戦争が終った後の朝鮮人集落の土地の問題にしても、それで谷間の個人が直接損害をこうむったということはなかっただろう？　なぜ自分の記憶を歪めるんだ？」（［1］p.307–308）

しばらく読み進めると男性は立ち去り、代わりに英語を話す黒人の男性とアジア系の女性がやってきた。コストコはどうやら外国人の利用客が多いらしく、彼以外にも大勢の外国人がいた。彼らは日本語と英語をちゃんぽんに操り、笑いあっていたが、二人は徐々に真剣なまなざしへと変わり、ついには女性が今にも泣きだしそうな顔でこう言った。

第九章

産業道路

「ここから先、自分を自分に戻すにはどうすればいいのかわからないの。自分の位置が」

男性はガールフレンドを抱き寄せ、ここが君のいる位置だよ、とでも言いたげに慰めていた。

一方、『万延元年のフットボール』は終盤に差し掛かっていた。

「おれたちの暴動なら、力を完全に盛りかえしたところだ。蜜も、『御霊』をかこむ谷間や『在』の人間の熱狂ぶりを見ただろう？　おれたちはあれで暴動に輸血したんだ。暴動に想像力の血をたっぷり輸血して力を盛りかえさせたところだ！」と最初、二階の僕に呼びかけた声の昂揚感を回復して鷹四はいった。（［1］p.360）

『万延元年のフットボール』における「朝鮮人部落」の「朝鮮人」たちは、予科練帰りの蜜三郎と鷹四の兄を殴り殺したが、兄たちもまた「朝鮮人」を殺していた。鷹四は過去の安保闘争や、曾祖父の弟の一揆を真似たスーパー・マーケットの天皇への謀反によって、彼自身の「本当の事」から逃れようとしていたことが明らかになる。そしてクライマックスが訪れた。わたしに強烈な快感の波がやってくる。凄惨な描写の果てに、わたしはたしかに癒されていた。たしかにこの本は癒すために書かれた本だ。あまねく癒されたい者は『万延元年のフットボール』を読むべきだ。もう、コストコに怒りの矛先を向けるのはやめよう。コストコがなければこの地域から数百の雇用が失われてしまうだろう。わたし自身の「本当の事」から目を背けて、コストコを憎むのはやめよう。

結論づけるならば、コストコで『万延元年のフットボール』を読むのは無理があった。うるさすぎるし、コストコは本を読むための場所ではないからだ。だからあまりおすすめしない。

わたしは欲しいのかどうかもわからない、ブラジル産の若鶏まるごと一羽を使ったロティサリーチキン６９９円を買い、会員証を払い戻しした。期間内であれば、係員を前に針のむしろに座るような思いをすることと引き換えに、４８８０円が返金されるのである。わたしはコストコの会員権を向こう一年失い、巨大な若鶏を抱えて駅へと向かった。外はもう真っ暗で、いくつかの星が鈍く光るだけだった。

参考文献

1．大江健三郎『万延元年のフットボール』（講談社文芸文庫、一九八八年）

産業道路駅は二〇二〇年三月十四日、大師橋駅に改称された。

郵 便 は が き

おそれいりますが切手
をお貼りください。

152-0001

東京都目黒区中央町 1-14-11-202
代わりに読む人 読者係 行

お名前		年齢	
ご住所			
メールアドレス		性別	
ご職業		お求めの書店名	

読者カードをお寄せいただきありがとうございます。個人情報の記入は任意です。いただい
個人情報は今後の本作りの参考にさせていただく以外の目的では使用いたしません。

読者カード

◎ ご自由にご意見・ご感想をお書きください。

（『うろん紀行』の感想、著者への質問、よかった章など）

◎ 代わりに読む人へのご意見

（今後、刊行してほしい本や著者など）

ご意見・ご感想をお寄せいただきありがとうございました。
今後の活動の参考にさせていただきます。

ご意見・ご感想を HP 等でご紹介してもいいでしょうか？ □ よい □ ダメ

第九章

産業道路

insert
083289910800
COSTCO JAPAN
Valid at COSTCO worldwide
02/20
大江健三郎
万延元年のフットボール
kōdansha
bungei bunko

第十章

高輪ゲートウェイ

……牧野信一『ゼーロン』

高輪ゲートウェイ駅 Takanawa Gateway Station
入口
Entrance
JK JY

第十章

高輪ゲートウェイ

ドリフターズの曲なら「ゴーウェスト」が一番好きだ。人形劇「飛べ！孫悟空」の挿入歌で、西遊記、すなわち西へ向かうから、ウエスタン調になっているのもひねりが効いていておもしろい。小声で口ずさみながらわたしは最寄り駅へと向かう。ニンニキニキニキニンニキニキニキニニンが三蔵。馬に乗ったいかりや長介のことを思い浮かべる。

今回は開業したばかりの、高輪ゲートウェイ駅が目的地だ。オリンピックのため、二〇二〇年三月十四日に暫定開業した。肝心の二〇二〇年の東京五輪開催は幻となってしまったが。はるか遠くギリシャのアテネから運ばれた聖火は、いまだ福島でくすぶっている。

週末だというのに電車の乗客はまばらだった。しかも、ほぼ全員がマスクをしている。子どもたちが話すときもひそひそ声だし、咳払いなんて誰もしない。みんな身体をせいいっぱい縮こまらせている。乗り換えた品川駅も閑散としていて、都市開発に失敗した地方都市を思わせた。そこから山手線でひと駅で高輪ゲートウェイ駅である。

高輪ゲートウェイ駅も、数えるほどしか人がいなかった。開業初日は、新駅がどんなものか、テレビだけでは飽き足らず自分の目で確かめたい人たちが大勢押しかけ、手持無沙汰にうろうろとしては、木目調の床などの写真を撮っていた。なぜ知っているかというとわたしもまたそのひとりだったし、高輪ゲートウェイ駅は定期券区間内のため、週五、行きと帰りの計十回は通り過ぎているからだ。工事中の頃から眺めては、ああ、屋根がついたなあ、などと観察してきた馴染みのある駅なのである。

ホームから二階へあがると、光は通すが熱は通さないというハイテクな屋根のおかげで明るい。掃除用ロボットがひとりでに動いている。店員のいない自動精算のコンビニや三階のスターバックスは休業中だ。

改札を抜けると、外は気持ちよく晴れていた。今日は牧野信一『ゼーロン』を読もうと思う。近頃、ニュースを見ても肩を落とすことが多く、通勤を含めた自分の一挙一動が怪しいものに感じられた。過去の行いを悔い改めることも増えた。罪悪感なしに日々を過ごすことが難しくなり、悶々としていたのだ。そんな折にこの連載の原稿を書くのであれば、なにか突拍子もなく愉快な作品を題材にしたいなと考えて、わたしは牧野信一に思い至ったのだ。調べると、彼は代表作の『ゼーロン』を書いたときに泉岳寺近辺に住んでいたことがわかり、鳥肌が立った。ちょうど、開業したばかりの高輪ゲートウェイ駅を題材にすることも考えていたのだ。高輪ゲートウェイ駅から泉岳寺までは目と鼻の先である。

牧野信一は大正に私小説の作家として世に出た後、古代ギリシャや中世ヨーロッパの世界を見立てたヘンテコでナンセンスな幻想小説を書いて、そのあとまた私小説ばかり書く作家へと戻り、三十九歳で縊死《いし》した。『ゼーロン』はユーモラスな中期の代表作であり、スラップスティックな喜劇だ。語り手の「私」は、「マキノ氏像」という自分をモデルにしたブロンズの胸像を、処分しようとする。道中は険しい山道であるため、かつて可愛がっていたゼーロンという馬を借りて、乗って持って行くことにした。ところが、かつては名馬であったゼーロンは今では駄馬に成り下がり、いうことを聞いてくれないのだという。

私が今日の目的について水車小屋の主《あるじ》に語った後に、杖を棄《す》て、ゼーロンを曳《ひ》き出そうとすると彼は、その杖を鞭《むち》にする要があるだろう——

「こいつ飛んでもない驢馬《ろば》になってしまったんで……」と厭世的な面持《おももち》を浮べた。（中略）

「ゼーロン！」

私は、鞭など怖《おそ》ろしいもののように目もくれずに愛馬の首に取縋《とりすが》った。「お前に鞭が必要だなんてどうして信じられよう。お前を打つくらいならば、僕は自分が打たれた方がましだよ。」（［1］p.38–39）

高輪ゲートウェイ駅を出ると、あたりは作りたての黒いアスファルトと、それを覆う白い衝立で、ぐるりと迂回をしないと西へ行けないことがわかった。一方、ゼーロンは主人のいうことを聞いて歩みを進めるよりも、思うがままに草を食べることに夢中になっていた。「私」はBallad《うまおいうた》を吟じることでゼーロンを奮起させようとする。

「五月の朝まだきに、一片の花やかなる雲を追って、この愚かなアルキメデスの後輩に

ユレーカ！を叫ばしめたお前は、僕のペガサスではなかったか！　全能の愛のために、意志の上に作用する善美のために、苦悶《くもん》の陶酔の裡《うち》に真理の花を探し索《もと》めんがために、エピクテート学校の体育場へ馳《は》せ参ずるストア学生の、お前は勇敢なロシナンテではなかったか！」

私は鞍《くら》を叩《たた》きながら、将士皆な盃《さかずき》と剣《つるぎ》を挙げて王に誓いたり、われこそ王の冠の、失われたる宝石を……と、歌い続けて拳《こぶし》を振り廻したが頑強な驢馬はビクともしなかった。（［1］p.41-42）

のんびりと歩みを進めて都営浅草線の泉岳寺駅までたどり着くと、伊皿子《いさらご》坂がある。坂に面したデイリーヤマザキであるものを探し求めたが、なかったのであきらめた。勾配の険しいこのあたり、特に牧野が作品に書いたこともある魚籃《ぎょらん》坂を歩くにあたって、わたしもゼーロンの力を借りたい。だから、コンミートをつまみに一杯飲もうと思ったのだ。

左手奥が泉岳寺だなと思いながら、道なりに右折する。NHK交響楽団ってここにあるのか、などと思い、さらに歩くと、三田四丁目の標識があった。このあたりに牧野は住んでいたはずだ。ローソンがあったので中にはいり、真っ先に缶詰めのコーナーへと向かう。そうすると、コンミートがあった！　プラスチックのケースに入って行儀よく並んでいた。もう、ぜんまいをネジネジするタイプのものは販売していないのだろうか。発泡酒と、小さなマヨネーズも購

第十章

高輪ゲートウェイ

入した。

　伊皿子坂はいつのまにか魚籃坂になっている。今度は下り坂だ。ほうぼうで桜が咲いていた。わたしは、花見という体にしたいなと考えた。ちょうどオフィスビルの階段のところが、日陰になっていてよさそうな気がした。わたしはそこへ行って座り込み、プルタブをつまんで発泡酒を開けると、プシュというかすかな音がした。あっ！　割り箸をつけてもらうのを忘れている。まさか店員も、このまま路上で飲酒するつもりだとは思わなかったのだろう。わたしは困りながらも、アルミの中蓋を折って即席のスプーンにして、マヨネーズをちょっと出して混ぜた。マスクを顎までおろして発泡酒をすすり、コンミートをつまむ。コンビーフと比べて、やはり馬がはいっていたほうが、筋が感じられて食べ応えもありいい気がする。なんとなく悪いことをしている気になりながら、わたしは『ゼーロン』の続きをまた読み進めた。


　その時であった、ゼーロンが再び頑強な驢馬に化して立ちすくんでしまったのは——。ワーッ！　と私は、絶体絶命の悲鳴を挙げて、夢中でゼーロンの尻っぺたを力まかせに擲《なぐ》りつけた。

　と彼は、面白そうにピョンピョンと跳ねて、ものの十間ばかり先へ行って、再び木馬になっている。まるで私を嘲弄《ちょうろう》しているみたいな恰好《かっこう》で、ぼんやりこっちを振り返ったりしているのだ。（中略）——私は、こんな聞き分けを忘れた畜生に、以前の親愛を持って、

追憶の歌を鞭にしていたことなどを思い出すと無性に肚《はら》が立って、

「馬鹿！」

と叫びながら、再び追いつくと、私はもう息も絶え絶えの姿であったが、阿修羅《あしゅら》になって、左右の腕でところ構わず張りたおした。

ゼーロンの蹄は、浮かれたように石ころを蹴《け》って、また少しの先まで進んだ。

「地獄の驢馬奴！」（［1］p.52-53）

アニメーションのようだ。ゼーロンは眠たそうな顔をした鼻の穴の大きい鈍重な驢馬で、その癖、効果音を派手に鳴らしながら動き回る。「私」は怒って、全身から湯気が立ち上っている、そんなイメージが浮かぶ。ふと視線を上げると、マスクをした子供が不安そうな表情でわたしのコンミートを眺めていた。わたしは喉を鳴らして発泡酒を胃袋へ流し込み、コンミートをがつがつと食べきった。本に視線を戻す。

「私」はゼーロンをなだめすかしているうちに、村が火事になっていることに気がつく。それを告げる半鐘が、暗号法で自分に語りかけているように聞こえる。半鐘は

「お前の、その背中の重荷の売却法を教えてやろうよ。」（［1］p.57）

第十章

高輪ゲートウェイ

と語りかけているように「私」には聞こえるのだが、売却法とは、父親の像として自分の像を売る、というものだったことで「私」はショックを受ける。肖像画を前にしてすら陰気な虚無感に襲われるほどに、父親を忌み嫌っているからだ。「私」は狂乱状態に陥ってしまう。

本を一度閉じると、風が吹き、それに合わせて向かいのお寺の境内に生えている桜の花びらが舞っているのが見えた。細やかなその軌跡を眺めていると、しゃがんでいることもあってか酔いがすぐにまわり、朦朧としはじめた。わたしはしばらく頭を抱えてじっとしていた。今日はこの辺でおしまいだろう。

だが物語は終わらず、ゼーロンとともにクライマックスへと突っ走る。時勢についていけず弱っているわたしは『ゼーロン』の世界にのっとられてしまった。それはしゃくりあげるような読点で繋げられた、刻一刻とイメージの増幅する混乱と狂気の世界だ。膨らみ続ける破裂寸前のいびつな風船のような終末の幻影を魚籃坂に残して、わたしは逃げ帰ることにした。

私は、ゼーロンの臀部を敵に激烈な必死の拳闘を続けて、降り坂に差しかかった。驢馬の尻尾《しっぽ》は水車のしぶきのように私の顔に降りかかった。その隙間《すきま》からチラチラと行手を眺めると、国境の大山脈は真紫に冴えて、ヤグラ嶽の頂きが僅かに茜《あかね》色に光っていた。山裾一面の森は森閑として、もう薄暗く、突き飛ばされるごとにバッタのように驚いてハードル跳びを続けて行く奇態な跛馬と、その残酷な馭者《ぎょしゃ》との直下の眼下から深潭《しんたん》のように広

漠とした夢魔を湛えていた。――背中の像が生を得て、そしてまた、あの肖像画の主が空に抜け出て、沼を渡り、山へ飛び、翻っては私の腕を執り、ゼーロンが後脚で立ち上り――宙に舞い、霞みを喰《くら》いながら、変梃《へんてこ》な身ぶりで面白そうにロココ風の「四人組の踊り《カドリール》」を踊っていた。綺麗な眺めだ！　と思って私は震えながら壮厳な景色に見惚《みと》れた。（［1］p.58–59）

参考文献

1．牧野信一『ゼーロン・淡雪　他十一篇』（岩波文庫、一九九〇年）

第 十 章

高輪ゲートウェイ

第十二章
ニューヨーク

……ポール・オースター『ムーン・パレス』
ベン・ラーナー『10:04』
スコット・フィッツジェラルド『グレート・ギャッツビー』

SEPHORA

第十一章

ニューヨーク

「実はまた休暇を取ったのさ。九月まで休めるんだ。それでしばらくニューヨークで暮らしてみようと思ってね。もう十丁目にアパートを借りたんだ。五番街と六番街のあいだだよ」

「あのへんは気持ちのいいところですよね。僕もよく散歩で通ります」（［1］p.470）

マンハッタンは碁盤の目に区切られている。縦が「〜番街」と日本語では表記されるアベニューで、横が「〜丁目」のストリートだ。それぞれ、南から北、東から西に行くごとに数字が大きくなる。だからそれぞれの数字を知れば、だいたいどの辺りだと見当がつくようになっている。『ムーン・パレス』の「僕」が、奇妙な縁で結ばれた人物「バーバー」の滞在先のことがわかったように。線と線は平行に伸びて垂直に交わる。それはまるで、都市計画の担当者が注意深く定規をなぞって引いた線そのものみたいだ。彼は三つ揃いの背広を乱暴に椅子にかけシャツの袖をまくり、手の震えが伝わってしまわぬよう用心をしながら線をひく。並ぶ建物と建物の面はまるで刃物で切り揃えたかのように平らで、陽の光を反射して冷たく光った。わたしは二〇二〇年二月上旬、実際にその光を見た。古い鉄道高架を再利用したハイラインの上から眺めたマンハッタンは、道の端から端までくまなく見通すことができそうだった。

緻密な線と線は、四角をより強靭に区切る力までをも持ってしまったのかもしれない。

ニューヨークは立つ場所によって全く違う光景が広がっていた。場所によって、そこにいる人間が違うように見えた。外見が、人種が、宗教が、職業が、違う。溶けて交わることはないみたいだった。いまやニューヨークは人種のるつぼではなく、人種のサラダボウルと言わなければならないらしい。けれどもボウルの中ですらよく混ざっていないような気がした。違う区画の人間同士は、相手のことが見えていないみたいに見えた。そのことはわたしを少なからず失望させた。

わたしはニューヨークを、そうなりたいという強い想いと才能さえあれば何にでもなることができる街なんだと思っていた。アメリカンドリームだなんて馬鹿げた言葉を過信していた。しかもそれは、アメリカ人であることをすら求めないのだと。様々な国から様々な人たちがやってきて、それぞれが持って生まれた能力のとおりに、収まるべきところに収まるのだと。でもなんだか、能力とは違う力が働いているような気がした。

グラスにお代わりを注いでくれるウェイターに〝グラシアス〟と言うべきか、〝サンキュー〟と言うべきか、僕は悩んだ。七人分の食事が少なくとも千ドルはしそうなこの店でも、仕事の大半をこなしているのはフットワークの軽い下層階級のヒスパニック系労働者だった。(［2］p.133-134)

第十一章

ニューヨーク

飲食店の従業員は本当にほとんどヒスパニックだったし、美術館の警備員は黒人ばかりだった。アジア系の人間は観光客を除いては滅多に見ることはなくて、空港と中華料理屋にそれぞれいるだけだった。もちろん、たった一週間しか滞在しない観光客には見えない場所があるのだろう。貧しい生まれでもなりたいものになれる人間もいるだろう。だが流れに逆らって泳ぐことは、きっと大きな困難を伴う。

911のグラウンド・ゼロの巨大なプールの縁に刻まれた犠牲者の苗字は、「Mc」とか「O'」ではじまるものばかり目についた。入植が比較的遅かったアイルランド系は、伝統的に警察や消防といった職につくことが多かった。親子代々で同じ職業であることも珍しくないのだという。

この街では、生まれ持った出自で、大きな流れが宿命づけられるみたいだった。ガイドを頼んだ、腹が突き出て白髪まじりの元市警はわたしに向かってこう尋ねた。

「ニューヨークは多様性の街だと思うかい?」

Yesと答えるのとほぼ同時、遮るようにNoと言われた。現に彼は、他の多くのアイルランド系住民とともにブロンクスで生まれて暮らし、警察官になったのだと。黒人はハーレムで暮らすし、ダイヤモンド街は黒髪に長いもみあげの正統派ユダヤ人しかいない。ニューヨークがもし多様性に満ちた街なのだとしたら、なぜチャイナタウンには中国系の住民しか暮らさないのだろうと、彼は自分自身に言い聞かせるように言った。

もしわたしがニューヨークで育っていたら、寿司屋で働いたのだろうか。空港の手荷物検査をしていたのだろうか。あらかじめ数えられる程度に用意された選択肢をなぞるようにして、人生を生きたのだろうか。街を行きかう人の目にわたしはどのように見えていたのだろう。

天に向かってそびえたつようなマンハッタンの摩天楼。アール・デコ調のクラシカルな外観をしていて美しかった。かつてのエンパイア・ステート・ビルとクライスラー・ビルの高さの競い合い。とうの昔に過ぎ去ったはずの過去が、なんともない顔をしてそこにいるみたいだった。豪華な入場口をくぐりぬけたら、建物が建てられたばかりの時代に飛んでいけそうな気がした。でも中はひしめきあう観光客と、調子よく笑う黒人かヒスパニックの警備員がいた。警備員は前時代風の衣装を着崩してだらしなく立っていた。全員が現代の顔つきをしていたしポケットにはスマートフォンを突っ込んでいる。毎日その場所で働いているであろう彼らまでもが、浮かれて楽しそうだった。まるで無意識のうちに、いつかの時代を生きた人物を表情でだけでも演じなければならない、そう思い込んでいるかのように。

私は「おもしろくなってきた」と言ってから、いま知り合ったばかりの男へ、「まあ、変わったパーティだと思ってるんですよ。なにしろホスト役が見あたらないんですから。私はすぐ隣に住んでまして——」と、ここからは見えない生け垣のほうへ手を向ける。「ギャッツビーなる人物からの招待状を運転手が持ってきましてね」

第十一章

ニューヨーク

すると、男が怪訝そうな顔をした。

「私《わたくし》なのですが」と、いきなり口にする。

「えっ！」つい大きな声を出してしまった。「これはどうも失礼なことを」

「ご存じかとばかり。いや、ホストとしては、けしからんことです」（［3］p.80）

一九二〇年代にはマンハッタンはすでに高層ビルがひしめきあう街だったという。第一次世界大戦の戦勝国となり好景気が到来し、清教徒《ピューリタン》の力添えによる禁酒法が施行されたことにより、逆説的に密造酒が流行した。スピークイージーを埋め尽くすフラッパーたちのジャズ・エイジ！　黒人たちのスラングでかつては性行為を意味したジャズという言葉が、音楽、ダンスとまるで夜の闇のようにあらゆる意味を取り込んでいった。グレート・ギャッツビーの世界。ギャッツビーは自分を飾り立てることで成功し、嘘で覆い隠すことのできなかった尊い資質によって破滅する。浮ついた人々が快楽だけを追求した軽薄で馬鹿げた一九二〇年代を生きられたら、それはどれだけわたしにとって幸せなことだろう。

けれども、そもそもわたしがフラッパーになんてなれるわけがないのだ。わたしは白人でないし、社交界にふさわしいルーツを持たないからだ。だがマンハッタンにふさわしいルーツとは？　この島にはもともとネイティブ・アメリカンが暮らしていたのではなかったか。

子どものころどこかで見た英語の教科書のことを思い出した。表紙はつるりとなめらかで、開くとカラーインクの匂いで鼻の奥がつんとした。ニューヨークにある株式会社が舞台になっていて、そこではあらゆる人種の人が働いている。彼らはそれぞれ着たい服を着こなし、それぞれの民族の名前を使っていた。彼らは共に働きながら、時にはお互いの文化の差異を話題にして、ちょっとした誤解を笑いながら修正するのだ。彼らは差異そのものを尊重し、楽しんでいた。あの会社がこの街のどこかにあるのだと、わたしは無邪気に信じていたらしかった。

ニューヨークでは、それぞれのルーツ、それぞれの時間、それぞれの記憶、それぞれの人生の断片があたりに遍在しているようだった。しかしそれらはまるで平行の位置に存在するようで、孤立し、互いに影響を及ぼさない。マンハッタン島は山手線の内側ほどの面積しかない。それほど小さな島なのに、あまりにも多くのレイヤーが存在していて、互いに影響しあわない。人生の一瞬、時空の断片が、鉱物のかけらのようにあたりで煌めき、ものすごい速さでわたしの身体を突き刺し傷つけていくようだった。わたしは愚かな観光客で、ニューヨークのどのブロックに立っていようが、そもそもニューヨークを訪れようが、何の影響も及ぼさない。この街の歴史から、この街に暮らす人から、何も受け取らないし何も与えない。人々は分断されていて、自分の立っている場所からしか見ることができない。

けれどもそれを、断罪することなんてできるのだろうか。ひとりの人間が生涯で触れ合うことのできる人数など限られているというのに。溶け合い混ざりあうことを期待してしまうことこそ、病的な強迫観念だったのかもしれない。ただそこに断片があると、ひとりひとりに固有の記憶が存在しているのだと、おぼろげながらもかすかに肌で感じさえすればよいのではないか。

第十一章

ニューヨーク

ニューヨークでわたしは不眠症になった。毎日三万歩も歩いていたのに、目も頭も冴えきってしまい、何時間も眠ることができなかった。毎夜わたしは、何の飾り気もない消毒液の匂いのする白いシーツにくるまり、タイムズスクエアの電光掲示板の明かりをたよりに本を読み続けた。詩人が思索を重ねながらニューヨークのあちこちを訪れる『10:04』などを。

これは僕の記憶に残らないだろう。これは今までに僕が見た中でいちばんきれいな街の風景だ。感触と速度も完璧。(中略)なのに僕の記憶には残らないのだ。薬がそれを消し去ってしまう。すると、切迫する消失のオーラに縁取られた風景はさらに美しさを増し、さらに麗しい経験を生んだ。(中略)今見たものの記憶は残らず、それを何らかの言葉にして残すこともできないと思うと、風景は充溢し、一時的にそれ以外の意味を失った。抹消が確実だからこそ現在の経験が得られているのだと思うと、彼は深い感銘を覚えた。

(［2］p.92-93)

記憶の断片は、やがて結晶になるのかもしれない。あの小さな島には数えきれないほどの無数の結晶が、それぞれの線の内側で、ひっそりと光を放っているのだろう。

参考文献

1. ポール・オースター著、柴田元幸訳『ムーン・パレス』(新潮文庫、二〇一〇年)
2. ベン・ラーナー著、木原善彦訳『10:04』(白水社、二〇一七年)
3. スコット・フィッツジェラルド著、小川高義訳『グレート・ギャッツビー』(光文社古典新訳文庫、二〇〇九年)

第十一章

ニューヨーク

第十二章

？？？

……猫田道子『うわさのベーコン』
夏目漱石『夢十夜』
J・L・ボルヘス『バベルの図書館』

ROBERT
DOISNEAU

第十二章

？？？

その日でなければならなかった日に、その場所でなければならなかった場所で、しなければならなかったことをする。あらかじめ定められた運命をまっとうする。些末な枝葉も結末からたどれば必然であり、読み終わるころに伏線だったのだと気がつく。この世界でおこる出来事はあらかじめ書かれており、生きるということは書物をたどる行為なのだ。

「だって運命の人に出会えたということでしょう？」

もし書物の存在を信じているのだとしたら、なんてことのない顔をして頷けばよかったのだ。しかしわたしは苦笑いをしてしまった。

十年くらい前、居酒屋でもう名前も覚えていない人が言った。

「ドストエフスキーっていうのはすごいね。どの文にも意味がある。無駄がないんだ」

わたしはそういうものかと感心し、その人の言葉のなかのドストエフスキーのように生きたいと夢想した。しかしできなかった。生活は脱線しこんがらがり、もはやどれが伏線でどれが本筋なのかがわからない。わたしの本はすでに、何の意味もなさない言葉で埋め尽くされてしまったような気がする。

ボルヘスの『バベルの図書館』では、巨大な図書館が語られる。そこには無限に等しい数の本があって、アルファベットとカンマとピリオドのあらゆる組み合わせが存在している。ほとんどの本は何の意味もなさない文字列がただ並ぶだけだが、実はあらゆる言語のいままでに書かれた言葉とこれから書かれるであろう言葉のすべてが存在しているのだ。そしてその図書館にはたった一冊、「弁明の書」と呼ばれる本があるのだという。

弁明と予言の書物がそれで、宇宙の人間の一人ひとりの行為を永久に弁護し、その未来のために驚くべき秘密を蔵しているものであった。（［1］p.109）

多くの人間がその「弁明の書」を探し争った。だが「弁明の書」とあらゆる文字が一字だけ異なる本もまた大量に存在し、一文か一部分かそれ以上に異なる本もまた、無数に存在する。それら無数の本たちは「弁明の書」にはなり得ない。もしかすると、ほんの一字でも無駄が含まれた途端、本は価値を大きく失ってしまうのだろうか？　だとしたらわたしの本は？　わたしはわたしの生涯において、すべての言葉をそれがあるべき場所にあるべき順番で並べることはできなかったはずだ。

『夢十夜』の第六夜では、なぜか明治の時代に運慶がいる。運慶が無造作に、しかし確実に鑿《のみ》を扱って仁王像を彫っているのを見て、通りすがった若い男はこう言う。

「なに、あれは眉《まみえ》や鼻を鑿で作るんじゃない。あの通りの眉や鼻が木の中に埋《うま》っているのを、鑿と槌の力で掘《ほ》り出すまでだ。まるで土の中から石を掘り出す様なものだから決して間違《まちが》う筈《はず》はない」（［2］p.49）

第十二章

？？？

感心した「自分」も、真似をしてかたっぱしから何本も薪を彫ってみるのだがうまくいかない。

――遂《つい》に明治の木には到底《とうてい》仁王は埋《うま》っていないものだと悟《さと》った。（[2] p.50）

第六夜の運慶のように、自然にあるべき姿を明らかにするようにして生きる人間も、もしかしたらどこかにいるのかもしれない。でもわたしは運慶ではないから、試行錯誤や猿真似を繰り返すしかない。どうにか真似て仁王らしきものを彫って、そこで思わず薪を取り落としてしまうのかもしれない。仁王の顔は割れ、縦に大きな傷が走ってしまうだろう。途端にそれまでの行為はすべて意味を失う。仁王ではなくなってしまった手の施しようのない何かが、わたしの足元に転がっている。

ロバート・ゼメキス監督の「バック・トゥ・ザ・フューチャー」シリーズでは、本来あるべき最良の未来を求めて１９５５年が何度も繰り返される。それは推敲に似ている。でもデロリアンはスクリーンの中にしか存在しないから、誰も過去を推敲することはできないし、伏線の答え合わせもできない。さかのぼって歴史を修正し、あるべき完璧な状態にすることはできない。

観測されるまで未来はわからない。現在、そして過去になっていくかつての未来。無数の可能性のうちのひとつにすぎなかったものを、まるであらかじめ定められていた運命のように受け入れる。そうしないとやっていけないからだ。わたしたちは未来を、まるでかけがえのないものみたいに歓迎してみせる。そこにいたるまでの間違いや歪み、痛みを許容して。傷や不具合を庇うようにして。賢者は愚者のふりをして、まるでそれが混じりけのない黄金そのもののような、運命であるかのように未来を受け入れる。欺瞞を覆い隠して無邪気な顔をしてみせる。それがどれだけ退屈で、残酷で、悲劇的なものであったとしても。こうするしかなかったんだ。すべてなるようになるんだ。わたしたちひとりひとりにかけがえのない運命が用意されているのだと、必死に騙されたふりをする。運命なんて本当は存在しないのに。あるのはこうなってしまったという、予想のできないたったひとつの現実だけだ。

それでもあなたは運命を信じるだろうか？　１９５７年、カリフォルニア州に生まれた少女はやがて監禁されるようになり、裸電球ひとつの寝室で幼児椅子に縛り付けられて毎日を過ごした。十三歳になり救出されたのちも、歩くことはおろか立つことすらできなかった。プライバシー保護のためジーニーという仮名が与えられたその少女は、筋力不足を補うようなひょこひょことした歩行〝ウサギ歩き〟を身につけた。言語獲得に最も大切な時期を逃し、貧弱な二語文でしか表すことのできない過去をひとりで引き受け、いまもなお施設で生きている。救出される前、彼女が暗闇でただ裸電球を見つめ、その行為が意味するところも知らず自慰に没頭していた日々の空虚さ。彼女には無数の未来があったのではないか。とりかえしのつかないことが起きてしまった彼女の喪失、歪み、痛みはあらかじめ彼女の本に記されていたとでもいうのだろうか。だが無限に開かれていたはずの未来にたいして過去はただひとつ。喜ばしいものかそうでないかにかかわらず、すべてその身に覆いかぶさってくる。

猫田道子『うわさのベーコン』にベーコンは出てこないし、うわさすら存在しない。

－－－－－－

私がこの家に生まれた時から、私の身近には楽しい音楽がありました。これは、きついレッスンにたえていく音楽ではなくて、私の生活の一部となっていました。（［3］p.7）

語り手は藤原家の「私」。三歳のときに兄が交通事故にあい、かたみのフルートが残された。「私」は短大に通いながらフルート奏者を目指す。でも兄のフルートは従姉妹のおミッちゃんに渡してしまったから、リコーダーとハーモニカを吹いている。島根に彼女がいる「光司さん」と六月中に結婚しなければと焦り、七月になったらもう結婚をする気は失せてしまう。この小説において誤字脱字はあえてそのまま残されている。敬語も間違っているし、ひらがなの「し」のフォントはすべて右に傾いて震えているみたいだ。

－－－－－－

「これ、使わないの？」と誰となく聞いてみたら、母が「お兄ちゃんが使っていたのだけれど、お兄ちゃんが交通事故で死んだから使う人がいなくなったんだよ。」と答えて来られたのでした。ここで改めて私は兄の死を知らされた。私は泣いてしまいました。わんわん泣いていても、母達は私をなぐさめず、自分の音楽にふけっています。それでもまだ泣いていた自分が、ふと泣くのをやめて辺りを見回すと、皆んな笑っている。〝何故笑っているの？〟（［3］p.8）

『うわさのベーコン』の「私」は、壊れた文法と誤字脱字を引っ提げ、ぜいぜいと息を切らしながら歩いているようだ。書かれる前にそれらの間違いが、誤謬《ごびゅう》が、必然性をもって定められていたのかどうかはわからない。もしかしたらすべて計算ずくなのかもしれないし、本物の間違いなのかもしれない。だがあらゆる誤字も、それが記された時点で過去になる。一歩一歩踏みしめるようにして、無数の可能性は失われてただ一字になる。それが明らかに間違っていたとしても。

「Tさんとは馬があいませんでした。今は、お別れした事を後悔していません。おミッちゃんのフルートの胞も上がる事をのぞんでいます。その伴奏者となって下さった、直ちゃんの妹さんのピアノの胞も上がって欲しく思っています。一《いっ》ぱん的に、フルートの曲は難かしく思っています。その伴奏も、難かしそうです。しかし、フルート奏者のために書かれた曲を無視する事はやりたくありません。」（［3］p.39）

第十二章

？？？

わたしはいま、家から徒歩十分ほどの、なんてことのない喫茶店でこの文章を書いている。元は雀荘だったこの喫茶店のクーラーは煙草のヤニで黄色く変色し、吹出口から出る冷風ですらニコチンが含まれているように感じられる。わたしはアイスカフェラテを頼んでもよかったなと思いながら、ホットの紅茶を飲み干す。会計を済ませて階段を降り、この喫茶店から出ると、右手にまいばすけっとがあり、左手に松屋がある。その隣のマクドナルドでは汗をよく吸いそうな素材でできた服を着た男の子が、だらしなく姿勢を崩し、フライドポテトをストロベリーシェイクにディップして食べているのがガラス越しに見える。その横の奥まったところには大きなキャンドゥがあり、文房具と食料品の品ぞろえが充実している。そのまた隣にはこのあたりに唯一の本屋、ＴＳＵＴＡＹＡがある。一階部分は書籍を販売し、二階ではＤＶＤとBlu-rayのレンタルと中古ゲームソフトの販売を行っている。セルフレジでは壮年の男性が抱えるように持っていたアダルトＤＶＤを取り落とし、派手な音があたりに響く。向かい側には特別に美味しいわけでもないが不味くもなく、安くも高くもない中華屋がある。この店では何を言っても一回では聞き取ってくれないことを前提に、ゆっくり注文しなければならない。電化製品を購入してもポイントはつかないが、取付け工事を請け負う電気屋があり、似たような白物家電が店先にいくつか並んでいる。家にいてもよかった人たちが、真夏日だというのにマスクをして歩いている。

この街でなければならない理由はなかった。わたしはこの街に住もうと思って住んだのではなかった。この街だって、わたしが住もうが住まなかろうがどうだっていいだろう。他の人だってみんな同じだ。誰でもよかった人たちがこの街で生きている。誰ひとりとして運命のもとに生きているわけではない気がする。でもそれでいいのだ。

> 私がやりたかったのは、私が幼い頃、私の家族がやっていた音楽です。出来ますか?
>
> (［3］p.38)

きっとできないだろう。フルートを吹いていた兄は死んでしまった。兄のフルートも「私」の手元にはない。でも間違いながらも、「私の家族がやっていた音楽」を目指しながら、どうにかやっていくことはできるだろう。

こうしている間にもわたしは、選び取るべきだった最もすばらしい未来から離れているのかもしれない。いまは『うわさのベーコン』を読むべきときではなかったのかもしれない。でもどこかにあった最善や最良をつかみとれなくても、つかみとったものが最も自分にふさわしいものだったのだと信じたい。あらかじめ定められた運命だったのだと目をつぶし、耳に熱湯をそそぐ。これがもっとも素晴らしい言葉なのだとうそぶきながら文字を並べる。わたしはあらゆる間違いや誤謬を引き受け、年を取っていく。無数に思えた未来を、たったひとつの過去にして。

参考文献

1. J.L.ボルヘス著、鼓直訳『伝奇集』（岩波文庫、一九九三年、『バベルの図書館』を収録）
2. 夏目漱石『文鳥・夢十夜』（新潮文庫、二〇〇二年）
3. 猫田道子『うわさのベーコン』（太田出版、二〇〇〇年）

TSUTAYA
本
DVD・CD
COMIC
朝10:00 ～ 深夜2:00
高価買取
GAME
Can★Do
TSUTAYA
コミック
レンタル

第十三章

両国

……小森健太朗『大相撲殺人事件』

マスクの着用
Please wear a mask.
カメラを
ご覧下さい
LOOK UP! GO!
カメラを
ご覧下さい
LOOK UP! GO!
声援ではなく
拍手での応援
Applause only, please.
（財）日本相撲協

第十三章

両国

国技館をあとにする。両手の指先は冷えている。浮足立った足どりで建物に沿ってぐるりと周り、江戸東京博物館を前に身体の重心のとり方がわからないまま手持無沙汰に待っていると、自転車にまたがって友人がやってきた。手をあげて合図をする。

「なんやかんや返すのが遅くなってしまって」

はい、と手渡されたのは紙袋に包まれた小森健太朗『大相撲殺人事件』［1］だ。友人は大相撲が大好きなのできっと気に入ると思って貸していたのだが、読んでいない気がする。立合いの瞬間に力士が爆死したり、首が次々と斬られて前頭なのに頭がなくなってしまったり、土俵の上で殺人事件が起こるもその場に女性しかいなかったために実質的に密室殺人となってしまったり、といった荒唐無稽でナンセンスなミステリーだ。相撲の知識があると楽しめるのはもちろん、あまり知らないひとでも勉強になる。

「優勝争いがわからなくなってきたね」

友人が言って、わたしはうなずく。この日は令和二年七月場所の十四日目だ。七月場所とはいうものの、暦のうえではすでに八月だった。新型コロナウイルスの影響により、催行時期が後ろ倒しとなっていた。そもそも七月場所は、本来であれば愛知県体育館ドルフィンズアリーナで行われる。しかし、今場所は東京の両国国技館で開催された。わたしはいまさっき観てきたばかりの相撲の、とある取組について考えている。頭が勝手に繰り返してしまう。もろ差しの正代《しょうだい》に寄り切られる照ノ富士、そして正代のガッツポーズ。照ノ富士は今日優勝を決めることができなかった。

「まさか正代が」

友人はそう言って笑った。明らかにガッツポーズのことをさしていた。神事でもあり伝統を重んじる大相撲において、ガッツポーズは褒められた仕草ではない。だが、正代が乱暴にさがりを引き抜いたそのさまは、どう見てもガッツポーズにしか見えなかった。正代は、東農大出身で本名をしこ名にしている時津風部屋の力士だ。白鵬戦について

――「けがなく生還したらいいんじゃないですか」[2]

とコメントするなど、控えめでどこかネガティブな力士というイメージが定着している。だからとてもそんな、下品ともとれる勝気な仕草をするとは、わたしも友人も思いもしなかった。しかし、正代のガッツポーズはわたしたちの目に好ましく映った。ひた隠しにされていたものか近ごろ急に湧いて出たものかわからない正代の闘志が、まぶしかった。勝ちたいという大きな欲望を抱えていたことがわかったのだ。意外だった。大きな欲望が叶えられる瞬間を見るのはいつも気持ちがいい。正代はきっと、これからさらに強くなっていくだろう。そんな希望を持たせてくれる。

「でもわたしは今日、照ノ富士に優勝してほしかったんだよ」

第十三章

両国

そうだ。わたしはどうしても照ノ富士に幕内で優勝してほしかった。わたしと同い年の元大関。両膝の大怪我と糖尿病と腎臓結石を経て、十四場所ぶりに幕内に戻ってきた不死身のモンゴル人に、目の前で正代に勝って優勝を決めてもらいたかったのである。

友人は、これで千秋楽の優勝争いがおもしろくなったと喜んでいた。優勝の可能性があるのは現時点で四人。大関になってはじめての場所を横綱不在で迎えた朝乃山。大関獲りがかかる関脇の正代と御嶽海。そして幕尻の照ノ富士。四人のうち誰が優勝したとしてもドラマになる。それぞれの人生ががらりと変わる。

わたしは明日も楽しみだね、と絞りだすように言い、しかし心の奥底ではずっと照ノ富士のことを考えていた。寄り切られて顎が上がって、はっはっと荒く息を吐くあきらめたような下がり眉のあの顔。だいぶ張りが戻ってきたけれども、いまだ肉割れの跡が残る上半身。両膝を覆う岩石のようなサポーター。わたしは照ノ富士が優勝するところを、テレビを通さず肉眼で見たい。

だからそれから数分もたたぬうちに、翌日のチケットを買ってしまった。公式サイトにリセールのチケットがあり、帰りに寄ったチェーンの焼き鳥屋ですぐに手に入れることができてしまった。どこかの当選者があきらめて泣く泣く出したのだろうか。わたしは目を閉じ、ぽんじりにかぶりつきながら手刀を切るような気持ちで決済をした。

わたしが唯一知っているモンゴル語は「ガントルガ・ガンエルデネ」。これは照ノ富士の本名である。鳥取城北高校出身で卒業後に間垣部屋へ入門した。その後、伊勢ケ濱部屋へ移籍して若三勝から照ノ富士に改名し、平成二十七年五月場所に幕内最高優勝を果たした。照ノ富士は平成生まれ初の大関になった。

しかし重い体重や無茶な取り口も災いして照ノ富士は膝を悪くし、だましだまし相撲をとっていたがいよいよ平成二十九年九月場所に大関陥落が決まった。それからも番付を大きく下げて十両へ落ち、力が全くはいらないのか、胸をあわせたあとに何もできず土俵の外へ出されるだけの取組が続いていた。よくないことは相次いで、ワイドショーに顔の出る日もあった。

照ノ富士がかろうじて関取の地位にしがみついていた頃、知り合いに溜席のチケットを譲ってもらった。土俵にあまりにも近く危険を伴う席だから撮影も飲食も禁止だった。わたしは、吊天井の中に白熱電球が無数にあることをはじめて知った。そこは土俵下で待つ力士の瘤《こぶ》のようになった静脈や、背中に生える体毛の先まで鮮明に目にすることのできる場所だった。

十両土俵入りがあり、わたしは間近で照ノ富士を見た。顔は真っ赤にむくんで人相が変わってしまっていた。四角ばっていたはずの上半身は筋肉が痩せてすっかり丸くなり、腹には赤いみみず腫れがいくつも走っていた。

わたしがその直後目にしたのは、物事をドラマチックにとらえたいという悪趣味な自分の性がつくりだした幻なのだと思いたい。わたしの目の前にいたとある審判部の親方は、にやにや

第十三章

両国

笑いながら、若い呼出にこう耳打ちしていたように聞こえた。

「大丈夫なのか？　泣いとったぞ、照ノ富士」

それからすこしして照ノ富士は両膝の手術を師匠とともに決断し、長い休場が続いた。照ノ富士は番付を序二段まで落とした。現役力士の総数はだいたい七百人くらいで、大関から序二段までの間にいるのは約六百人。

わたしは皿洗いをしているとき、雨のなか傘をさして歩くとき、仕事が行き詰まったときには決まって照ノ富士のことを考えた。身体はよくなっただろうか。治療がひと段落したら、モンゴルに帰ってしまうのか。大学に通いなおして実業家になるのかもしれない。照ノ富士なら、きっとどんな世界でも成功をおさめるだろう。

ところが照ノ富士は土俵に戻ってきた。両膝にいびつで巨大なサポーターをつけて。怪我も体つきも元どおりというわけにはいかないみたいだが、顔は赤くないしむくんでもいない。そしてなにより、相撲を取ることができていた。序二段の場所で、照ノ富士は優勝決定戦に敗れ序二段優勝はできなかったが、でもひょっとしたらあり得るのではないか。幕内に戻ってきて、前みたいに重い腰を活かした力強い相撲が見られるのではないか。見ていると思わず両のこぶしを握りしめ、呼吸すら忘れて、勝つと安堵の思いがうなり声となり、気が付いたら手のひらに爪の跡が痛々しく残るような、あの取り口がまた見られるのではないか。そんな風に思ってしまった。しかし、わたしはその考えを必死に打ち消した。まだ序二段だから。いつまた怪我するかわからない。

わたしは期待するのが怖かった。想像できないほどの苦しみを経験したひとを応援するのが怖かった。照ノ富士が嘲笑われていたあの日、まるで自分が辱められたようだった。自分と似ているところなんていっさいなくても、照ノ富士の負けはわたしの負けみたいだった。なぜなら初優勝を決めたとき、わたしは心から嬉しくなったのだ。興奮で全身の血管が拡張するのを感じながら、大きな身体に似合わずベビーフェイスのこの力士を誇らしく思った。でも、心から応援するのはやめよう。まるで自分の一部みたいに思うのをやめよう。わたしはそもそも、楽しもうと思って大相撲を見始めたのではなかったか。応援した力士が怪我もすれば病気にもなって、つらく悲しいことばかりじゃないか。

予想に反し、復帰後の照ノ富士は土俵のうえで順調に白星を積み重ねていった。幕下優勝も十両優勝もした。いつの間にか結婚もしていた。そうして照ノ富士は幕内に戻ってきたのである。

七月場所の十三日目、わたしはそわそわしながら自室でテレビを見つめていた。優勝争いに並ぶ、一敗同士の照ノ富士と朝乃山。でも番付に開きがある。調子のよい新大関の朝乃山が勝つだろう、そんなムードが漂っていた。照ノ富士に、勝ってほしい。わたしは心から祈ろうとした。しかし、やめた。わたしは完全に熱くはなりきれず、冷めた部分を残していた。その冷めた部分が、照ノ富士はきっと負けるよ、と言っていた。期待しすぎないようにしようね、で

第十三章

両国

ないとまた傷ついてしまうよ。

　そのとき、テレビ画面いっぱいに、眉をこれでもかとねじ曲げてへの字口で相手を睨みつける照ノ富士の顔が映っていた。ああ、照ノ富士。鬼のような形相をしている。わたしは安堵してしまった。応援するまでもなく強かった頃の照ノ富士と同じ顔だ。何があろうと、自分が死んででも相手を殺してやるっていう、そういう顔だ。胸にじわじわと喜びが広がっていく。見覚えのあるこの顔を、わたしはずっと待ち望んでいたのだった。それに対して土俵の向こう側の朝乃山は、どこかしゅんとしているように見える。いつもどおり優しそうで、動物園のまじめな飼育員を思わせた。いや、朝乃山こそが猛獣にならなければならないのでは。

　制限時間いっぱいになる。立ち合い、相四つに組んだが、朝乃山の上手が切れると、照ノ富士が右のかいなを返して寄り切った。勝負はついた。照ノ富士は朝乃山に勝ってしまった。とんでもないことが起こっていた。相手は大関。照ノ富士は幕内の一番下、幕尻なのに。しかし、起こるべくして起こったことでもあった。照ノ富士は、自分も大関だったのだし、いまからでもまたその座を目指せるのだと、そう言っているような気がした。

　翌日の十四日目、期待に胸を膨らませて両国国技館にやって来たわたしの目の前で、照ノ富士は正代に負けた。だが、朝乃山も照ノ富士と同部屋の照強《てるつよし》に足取りで敗れ、優勝争いはさらに読めなくなった。順当に優勝すると思われていたが二連敗してしまった朝乃山のファンは、眠れない夜を過ごしたのかもしれない。わたしは友人に『大相撲殺人事件』を返してもらい、焼き鳥のチェーン店で翌日のチケットを購入した。

十五日目、二日連続で訪れた国技館は、千秋楽も変わらず感染症対策を行っていた。以前は親方がもぎりをしていたが、国技館のスタッフが担当している。いたるところに消毒液が置かれ、検温ののちに前のひとと間隔をあけるようアナウンスがあった。二階のイス席も隣合わないよう間引かれ、応援の声かけも禁止である。唯一、拍手は許可されている。拍手の音の一粒一粒が心なしか際立って感じられた。口に出したい言葉を、それぞれの名前を、強く念じながら拍手しているのだろう。観客は老若男女さまざまで、大相撲観戦のためなら死んでもかまわないという覚悟の持ち主ばかりだから、いつも以上に空気が張り詰めているようだった。

結びの一番のひとつ前に、照ノ富士と御嶽海《みたけうみ》の取組がある。御嶽海が勝てば、優勝決定戦へなだれ込む。照ノ富士が勝てば優勝だ。

御嶽海が変化をしたらどうしよう。御嶽海もいい加減、大関になりたいだろう。照ノ富士は十五日間休むことなく幕内で相撲をとって、そろそろ膝が限界を迎えているのではないか。二番もとるのは厳しい。この一番を勝たないと、照ノ富士の優勝の確率はぐっと下がるだろう。

制限時間いっぱいになった。国技館はしんと静まり返っている。立ち合い、照ノ富士は御嶽海のまわしを両方の手で摑み、抱えるようにして速攻土俵の外へ出た。三つ巴戦はなくなった。照ノ富士の優勝だった。

照ノ富士は大怪我から復活して幕内で優勝した。それはとてもすばらしいことだ。だが同時に、怪我をせず強くなり続けて横綱になる未来もあり得たということが、いまさら痛感させられる。照ノ富士らしい力強い相撲を見たことで、この力士が白鵬よりも強くなると言われていたことを思い出す。その未来を誰もが当たり前のように信じていた頃があったのだ。あの頃は照ノ富士の表情が陰ることなんていっさいなくて、その傲慢なほどの天真爛漫さが神々しかった。分岐した現実がさらに書き足されることが、そうはならなかった幻想を、より強固に否定するような気がする。

照ノ富士が幕内で優勝できるのは、上位となるべく当たらないで済む幕尻の今場所がチャンスだろうと、さもしいことを考えていた。膝はいつ悪くなるかわからないし、そうなれば今度こそ引退してしまうだろう。わたしは、照ノ富士が優勝する瞬間をこの目で見たら、きっと自分は興奮するだろうなとある程度予測していた。そのときの心の動きを見込んで、チケットを買っていた。わたしはもう、力士を崇めるように応援することはやめた。だって、つらすぎる。怪我、国籍、結婚、部屋の継承、応援すればするほど、彼らの人生が重くのしかかってくる。幕内をぼんやり薄目で眺めて、その場所その場所で、よく身体が動いて調子のいい力士を応援するのが一番楽しいのだ。場所ごとの大きな流れを感じたい。技をかけ合う一瞬の力の拮抗とかその結果生じる表象に、心揺さぶられるのがいい。

でもきっと富山県にいるどこかのひとは、勝っても負けても地元出身の朝乃山のことを全力で応援するのだ。そう思ったら泣きたくなった。全ての取組において、勝つことを祈って疑わない。それは信仰に近く、崇高だ。何があっても信じ続けることを、わたしはもうやめてしまった。照ノ富士は引退したほうがいいんじゃないかと思ったこともあったし、序二段に落ちてから毎回取組の映像を見ていたわけではなかった。明日からまた生命をかけて応援しようと思えばできるのかもしれないけど、しないだろう。わたしはずるく、立派なファンではいられない。これからも調子がいいときだけ照ノ富士を応援する。

照ノ富士が復活して幕内優勝して、少年漫画であれば最終回となるのかもしれない。しかしこれは現実だから、ふた月と待たずに九月場所になる。照ノ富士は番付を大きく上げて幕内筆頭、初日から二連敗した。やはり先場所優勝したといえど、怪我した身に幕内上位を相手にするのは厳しいかと思わせたらその後七連勝し、またもや優勝争いに名乗りをあげた。しかし、十三日目に膝の痛みを理由に出場せず不戦敗となり以降休場したため、連続優勝はかなわなかった。九月場所の優勝は正代。三日後に伝達式があり、正式に大関になった。照ノ富士は休場したものの勝ち越したので、十一月場所は三役になる。

参考文献

1. 小森健太朗『大相撲殺人事件』(文春文庫、二〇〇八年)
2. 『大相撲ジャーナル　2017年8月号』(アプリスタイル、二〇一七年)

第十三章

両国

第十四章

落合南長崎

……藤子不二雄Ⓐ『まんが道』

トキワ荘
トキワ荘
コジマ
BS11

第十四章

落合南長崎

漫画にはありとあらゆるかっこいい男が登場するが、一番かっこいいのは才野茂だと思う。才野茂は藤子不二雄Ⓐ『まんが道』の登場人物だ。主人公の満賀《まが》道雄と小学生の頃に出会い、二人で手塚治虫に憧れて、一緒に漫画家を目指して富山から上京する。『まんが道』は藤子不二雄Ⓐの自伝的作品であり、才野茂のモデルはもちろん藤子・F・不二雄だ。

才野には必殺技があるわけでもなく、並外れた運動能力を持つわけでもない。外見が美しいわけでもなく、口はカラスみたいにとがっている。しかし才野はとにかくかっこよくまぶしい。

手塚治虫をはじめとして藤子不二雄や赤塚不二夫、石ノ森章太郎など名だたる漫画家たちが若いころに暮らし、影響を与え合い切磋琢磨したアパートとして、トキワ荘はあまりにも有名だ。しかしながら本物のトキワ荘は一九八二年に取り壊されてしまった。ところが二〇二〇年夏、復元施設であるトキワ荘マンガミュージアムがもとあった場所に誕生した。わたしはいてもたってもいられず同地を訪ねた。

トキワ荘マンガミュージアムは豊島区の施設でこの日は入場無料であったが、時節柄か入場は予約制になっていた。前日の夜にホームページで手続きを行う。よく晴れた七月の朝、わたしは都営大江戸線の落合南長崎駅にいた。

ミュージアムの入口にはバインダーを持つ女性がいて、携帯の画面を見せると、どうぞと案内された。サンダルは靴袋にいれ、裸足のままでうろついてはいけないらしく、両足を水色の不織布でできた袋で覆って歩くよう促される。ドラえもんのようだった。

新築のトキワ荘マンガミュージアムは塵ひとつなかった。階段をあがるとそれぞれの漫画家が暮らしていた部屋があり、壁には年表や当時の地図などの資料が展示されている。古い調度品が置かれた畳は新品で、炊事場は汚れ風のペイントがなされていた。順路にそってエレベーターで一階に降りるとそこは資料室となっており、明るく未来的でまったく別の建物のようだ。『漫画少年』など当時の貴重な資料が、壁を埋め尽くしていた。

時間制限もあり、見学はあっという間に終わってしまった。トキワ荘自体が小さい建物だし、そもそも入場無料の施設である。でも、たとえば着ぐるみで満賀と才野が出てきたら一緒に写真を撮りたかったな、などと都合のいいことを夢想した。テラさんでも森安でもいい。手塚先生は編集者に見つかると大騒ぎになるから、きっと滅多にグリーティングできない。

時間を持て余したので、近くにある「松葉」という町中華の店に行くことにする。来館者のほとんどが直行するためか、小さな店の前に、とぐろを巻いた長蛇の列ができていた。トキワ荘マンガミュージアム別館と呼んでいいほどではないだろうか。最後尾につき、じりじりと日光に肌を焼かれながら入店まで待つ。松葉は『まんが道』に登場する大切なファクターだ。おなかがすいたとき、編集者の差し入れ、引っ越し祝いも松葉のラーメン。『まんが道』は松葉なしにはありえない。『まんが道』は、夢、友情、恋、仕事、そしてラーメンにまつわる漫画なのだ。

第十四章

落合南長崎

［1］3巻 p.65

［1］4巻 p.605

実は以前、この店に来たことがあった。そのときはまだトキワ荘マンガミュージアムはなく、あたりをうろうろしてじいんとしながら、ラーメンを食べて帰った。わたしはその当時、四六時中『まんが道』について考えていた。ンマ〜イとコロッケパンに食らいつく二人やキャバキャバキャバキャバと笑う森安などを模写したシールを作っては、身の周りのものに貼ってお守りにしていた。

『まんが道』を学校や地域の図書館で借りて子どものころに読んだというひとは多い。しかしわたしは残念ながらそうではなく、はじめて読んだのはとっくに勤め人となってからである。当時のわたしは誰と何を話しても言葉ばかりが空回りをして、意味がどんどんと滑っていってしまう症状に悩まされていた。何を話しても伝わらないし、目の前のひとが何を考えているのかさっぱりわからない。ひとと会うのが怖くなり、資格試験の勉強ばかりしていた。当時住んでいた場所の近くに赤レンガでで

［1］2巻 p.27

きた立派な図書館があり、一日中こもって勉強をした。楽しむための読書も、罪悪感のせいか集中できず、勉強しかしなかった。だがその図書館には漫画コーナーがあり、『まんが道』があった。わたしはすぐに夢中になった。『まんが道』には夢や熱意や友情といった、わたしが失ったすべてがあると思った。

松葉に並ぶ列は思いのほかさくさくと進む。おいしくてすぐ食べ終わってしまうのかもしれない。入店し、小学生くらいの年の男の子とその両親と相席になった。この店の名物はもちろんラーメンだが、暑いし前に食べたしと思ってやめて、チャーハンとギョウザを頼んだ。相席になった男の子は『まんが道』が相当好きらしく、トキワ荘に住んでいた漫画家の名前に全員「先生」という敬称をつけて話している。親御さんは周りの目が気になるのか生返事だ。

「ここのラーメンを食べてしまったらもう他のラーメンは食べられないね」

第十四章

落合南長崎

男の子が放った言葉に二人とも返事をしないので、よっぽど、そうだね、「ンマ〜イ」だね、と応えようと思ったけど、大人がいきなり話しかけてきたら気持ち悪いかなと思って言えなかった。

チャーハンと餃子がきた。チャーハンはチャーシュー多めでしっとりしており、紅ショウガと一緒に食べるのが旨い。ギョウザは一皿に六個のっており、キャベツがたくさんはいっていて食べ応えがある。

「ねえねえ、僕が二十歳になったらチューダーでお祝いしてね。絶対だよ」

はいはい、とあしらわれているのを見て思い出し、店員の女性を呼び止めてチューダーを追加注文する。もしかして当てつけみたいになってしまっただろうか。チューダーは作中に頻繁に登場する飲み物で、焼酎をサイダーで割ったものだ。

『まんが道』の魅力は、史実とフィクションが絶妙のバランスでちゃんぽんになっているところだろう。よく、嘘をそうとばれないようにするには、実際の出来事を混ぜて話すとよいと言われるが、まさにそれだ。高校の卒業試験の前日に女湯をのぞいた犯人に間違えられたり、才野が意味ありげな咳をするも何ともなかったり、といったエピソードはどう見てもシナリオ上必要不可欠なものではなく、本筋からそれている。だが、こういった些末な描写の積み重ねが、まるで『まんが道』で描かれたこととまったく同じことが過去にあり、満賀と才野は実際の藤子不二雄両氏そのものではないかと錯覚させる。たとえば手塚治虫や寺田ヒロオなど実在の人物がそのままの名前で登場するのもそうだし、藤子不二雄の過去作品が才野と満賀の作品として引用されるのも同じ効果をあげている。けれども実際には史実はだいぶ脚色されていて、たとえば大阪からやってくる激河《げきが》大介は『ゴルゴ13』のさいとう・たかをがモデルになっているものの相当する人物はおらず、高校時代に満賀が思いを寄せる涼子の自殺もない。『まんが道』は取捨選択され美しく整えられた思い出であって、それはトキワ荘マンガミュージアムの清潔さと重なるように思える。

でも言うなれば、たとえ史実しか描かなかったとしても、作者の作為や編集ははいるものだ。満賀ではなくその向こう側にいる作者の藤子不二雄Ⓐについて考えたとき、まるですべてが事実であるかのように読まれる作品のなかで、ずっと自分の隣に一緒にいた人物をよくあそこまでかっこよく描ききったな、ということに驚かされる。才野は小学生のころから才能に溢れている。「反射幻燈機」という装置に映す絵のために模型まで作るし、『漫画少年』の読者欄に掲載される頻度も多いし、満賀が寝ている間にもこっそり起きて漫画を描いている。そもそも名前がすごい。「才能が茂っている」だなんて。満賀は子ど

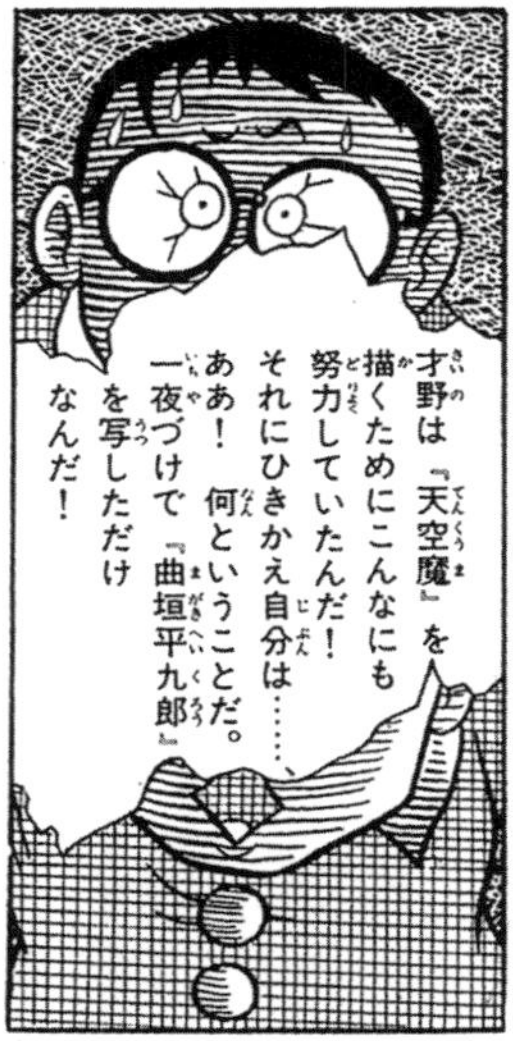

［1］1巻 p.947

ものころからいつも才野と自分を比べては劣等感で落ち込み、奮起する。

才野がかっこよく見えるのは、才野の胸の内が決してあきらかにならないからだろう。『まんが道』は、主人公が二人いるように見えながらほとんど満賀視点で話が進んでいくので、満賀のモノローグはあるが才野はない。才野はずっと満賀のそばにいて、同じ部屋で暮らして同じ作品を描いているのに、わからないことだらけだ。才野は少女漫画に出てくる男の子のようでもある。

才野と満賀はこれだけ一緒にいても、お互いを完全に理解しているわけではないと思う。相手を尊敬するがゆえに、自分を大きく見せたり、弱さを隠したり、無理をしたりする。それゆえに才野と満賀の道はやがて分かれてしまうのではないか、二人のコンビ「満才茂道《まさいしげみち》」も離れ離れになってしまうのではないかと、「藤子不二雄」というコンビの結末を知るわたしは心配になってしまう。でもそうなったとして、それは悲しいことではないのかもしれない。弱さを隠して強がって、お互いに憧れ続けたからこそ、二人は本来持っている以上の能力を発揮させられたのだろう。この、同じ方向を見ている二人にいつまでも残る底知れなさと、それでも一緒にやっていけるのだという心強さに惹かれて、わたしは何度も『まんが道』を読んでしまう。

『まんが道』を読んだ人間は、才野視点のまんが道、すなわちF版まんが道が読みたいと、きっとそう思うだろう。才野の目に満賀はどう映っていたのだろう？　ハイカラなアメリカの

［1］1巻 p.49

雑誌を持っている満賀。自分は工場をすぐにやめたのに、叔父のコネではいった新聞社で図案を任されて喜ぶ満賀。月給があるからと共同名義の通帳を預けていく満賀。自分が家で作品を仕上げている間、手塚先生のアシスタントをしている満賀。きっと才野も満賀にかなわないなと感心し、羨望の念を覚え、嫉妬した日があったに違いない。だが、『まんが道』は満賀の物語なのでそのシーンは描かれない。

F版まんが道の話になると毎回のように、藤子・F・不二雄は周囲の人間に興味がなかったからF版まんが道はありえない、という意見が出るものだが、鬼籍にはいられてしまったので確かめようがない。また、藤子不二雄Ⓐは日記をつけていたから描けた、という話もよく聞く。でも、F版まんが道がありえないということもないのではないか。もしF版まんが道があったとして、そのときFは、自分にどんな名前をつけたのだろう。そして、Ⓐをなんという名前で呼んだのだろうか。

運ばれてきたチューダーを飲むと、想像通りあまりおいしくはない。普通のサワーと比べて炭酸が弱いし、甘くてしまりのない味がする。

でもなんとなく、特別感はある。自分が満賀で横に才野、テラさんや石森、赤塚、森安、鈴木伸一がいるような気分で飲んだら、なぜか前向きな気持ちが満ちた。今は少しでも早く家へ帰って、書いて書いて書きまくりたくなってきたのです！

参考文献

1．藤子不二雄Ⓐ『愛蔵版まんが道』全四巻（中央公論社、一九八六～八七年）

第十四章

落合南長崎

第十五章

大井町

……トム・ジョーンズ『ロケットファイア・レッド』

citywave Tokyo
TRUST

第十五章

大井町

「波をコントロールしようとすると疲れてしまう。あなたは、サーフィンを覚えたほうがいい。あなたは過去を振り返り、自分で波を作り出している。そのたびに大きく揺さぶられて、もう疲れたでしょう。あなたは波を乗りこなしなさい」

何年も前にわたしに送られた助言における〝サーフィン〟はもちろん暗喩だった。でもその言葉を字義通りに受け取ったわたしは、数年を経てサーフィンをすることにした。

さっき言ったけど、ドリスは私のいとこ。かなり可愛いんだ彼女。でも高級ファッションモデルになって富と名声を手に入れたいだと。BBCとか聴いてんだよ、アクセント直すために。私は言う。「お上品ぶるのよしな、あんた。自分らしくやんなよ」。でも彼女はやんない。（中略）私はうちから持ってきたもの使ってるし、ベジマイト〔塩辛いペースト食品〕とかウィータビックス〔シリアル〕とか、クリーム、中古のサーフボードとボードに塗るワックス、ユニオンジャック柄のSPEEDOの水着とか買ったりする。凄《すご》い波に乗ってると、アボリジニのお祖母《ばあ》ちゃんがうなずいてくれそうな、ある感覚がやってくる。アボリジニ・ドリームの刻《とき》だ。

アボリジニ・ドリームの刻がやってくると、全てが一度に起こる。過去も、今も、未来も、同時に起こる。自分が生まれ、生きて、死ぬことも同時に体験する。（［1］p.204–205）

トム・ジョーンズの短編、「ロケットファイア・レッド」を、日本語を使うわたしたちは舞城王太郎の翻訳で読むことができる。語り手の「私」はオーストラリア人の女の子。田舎から出てシドニーでいとことルームシェアをして、夜はウェイトレス、昼は仲間とサーフィンをして暮らしている。「私」は髪をロケットファイア・レッドという色に染め、サーファー仲間とレーシングカーの会社を立ち上げ、高速を出すことに熱中する。彼女はやがて、自分の髪色と同じ名前をレーシングカーにつけ、自ら乗り込むようになる。

普段、あまり縁のない大井町駅に来た。西口を出て右手、飲食店が並ぶアーケードを進むと、さも百貨店であるかのような堂々たる面構えをしたイトーヨーカドーが左手に見えてくる。通り過ぎ、右手の高架下を横切る横断歩道を渡ると視界が開ける。ここはとある施設で、様々なスポーツを楽しむことができる。サッカーにテニスといった定番のスポーツから、ボルダリングやアーチェリー、そしてサーフィンまで。人工波を起こす機械があり、最高の波の発生を待たずとも、波乗りができる。

わたしの足取りは重かった。前日になって、人工波の施設が屋外にあるのを知ったからだ。屋内だと思いこんでいた。こういった軽率で向こう見ずな判断、思いつきの行動こそが、わたしの人生に荒波を立てているような気がしてならない。いまは二月。さらには巨大低気圧が列島を縦断中であり、厚手のコートをしっかりと着込まないと外で立っていられないほどの寒さだ。

第十五章

大井町

サーフィンの受付は人工波のプールの脇にある。総合受付があるプレハブの脇にまわり、グラフィックがまばらに描かれた壁沿いに階段をあがると、そこには決して途切れることのない波があった。機械の力でプールに一・五メートルほどの高さの波が作られ続けている。黒のウェットスーツを着た女性が、サーフボードで左右に勢いよく水を切って曲がり、しぶきを飛ばしているのが見えた。これこそがまさにサーフィンだ。予約フォームにクレジットカードの番号を入力したり、駅に到着したときにはまだぼんやりとしていたサーフィンという概念が、急に湿度や塩素臭を伴って目の前に現れたのでびっくりしてしまう。これをいまからやるのか。本当に？　わたしはすっかり怖じ気づく。

受付で名前を告げると、ウェットスーツとサンダル、バスタオルを渡される。プレハブのなかに更衣室があり、ロッカーに荷物を詰めてウェットスーツに着替える。膝がつまるのをひっぱりあげ、袖に腕を通して背中のファスナーを閉める。普段からウォータースポーツを嗜んでいるわけではないからか、まるで似合っていない。太り気味の子ども忍者だ。

水着の上にウェットスーツだけを着ている状態で外に出るのが不安だったが、予想よりも寒くないのでほっとする。外を歩ける程度には暖かい。波の前でサーフボードとヘルメットを受け取り、写真を撮ってもらった。青空とビルと波。わたしはつつましく、身長よりひとまわり小さいサーフボードと共に、渋い顔で収まっている。

予約をしたのは初心者のコースだ。だから、プールを横切るようにアルミニウムのバーが設置される。これにつかまって立つのだ。ヘルメットを被り、プールの左側のへりに腰かけ、恐る恐るボードを波の上に置き、右足、そして左足を乗せる。半身をねじって右手を左側に移動させ、立ち上がろうとするが、足元が揺れてすぐに座り直す。もう少し右手を身体の近くに置くよう言われてそのとおりにし、ぐいと中腰で立ち上がる。ぐらつきながらも両手の平で歩くようにして左側に移動し、バーをつかんだ。

「膝をまげて！」

スタッフの方の忠告を受け、慌ててがに股になる。バーを必死で握りしめ、手繰り寄せる。横向きの犍陀多《かんだた》のよう。この手をはなしてしまえばすぐにでも、波にのまれて水の底だ。

「あまりバーにばかり体重をかけないで」

無茶を言う。両足に正しく力をかけるとバーを手ばなすことが可能になるらしい。とてもそうは思えないが、両手をはなす。途端に足元は大きく左右に揺れ、またバーをつかむ。足元も手元も見てはいけないと言われる。ええい、ままよ。言われたとおりにして、またそうっと両手をはなした。

「そうそう、その調子」

うれしく思っていると途端にバランスを崩し、わたしは横向きに転倒した。一瞬にして滝つぼに落ちたようになる。冷たい水がウェットスーツ全体に浸み込み、耳の中で水が音を立てて渦を巻く。わたしはなすすべもなくサーフボードもろとも流された。気が付いたときにはもう、

第十五章

大井町

プラスチックの海岸に打ち付けられていた。

すっかり全身をびしょ濡れにして、水を滴らせながら重い身体を起こす。怖い。それに言葉にならないほど寒い。夏になるたびに川でおぼれてしまったひとのニュースをよく目にするけれども、こうやって何が起こったかもわからず、身動きできないでいるうちにおぼれてしまうんだろうな。驚きとみじめさ、そして恐怖と寒さで頭がいっぱいになる。よろめきながら脇によけ、ストーブの前に立った。ウェットスーツを着ていても濡れればやっぱり寒かった。勢いよく燃えるストーブのなるべく真ん前に立ち、ウェットスーツが熱で溶けないよう祈りながらプールのほうを向くと、バーがいままさに外されているのが見えた。これは想定外だ。あらかじめ読んでいた体験談によれば、もう何回か練習してはじめてバーなしで立つ、と書いてあったはずだが。どうやらこの回にサーフィンを行う四人のなかで、まったくの初心者はわたしだけのようだ。わたしがストーブにあたっているあいだ、他の三人の男性は順繰りに波を左右にかわし、サーフィンをしている。波への恐れは見てとれたものの、明らかにレベルが違っている。

あっという間にわたしの番になった。もうやらなきゃだめですか。バーは用意してくれないのですか。思いを込めてまなざしを送ると、へりに座るよう笑顔で促される。先ほどと同様、もたつきながらボードの上に立ち上がろうとすると、向こう岸から若くて明るい髪をした男性のスタッフが、サーフボードに乗ってやってきた。つかまっていい、ということらしい。へっぴり腰で両手首をつかんでもらって、立った。わたしの足がどれだけぐらつこうと、彼は安定しており、わたしの揺れすらも吸収してしまう。なんという技術。それに、介護みたい。下を見ないよう言われ、苦悶の表情のまま前を見た。目が合った。若い頃の草刈正雄に似ていた。

「手をはなしますね」

　はい、と声をかけられたときにはもう、波の上にひとりで立っていた。大丈夫大丈夫、落ち着いて。なだめられながらわたしは、どうにか波乗りらしきものをしていた。両足でぐいと踏み込むようにして、しっかりと下向きに体重をかけるのがいいようだ。特に波の進行方向、左足に意識をおくといい。その調子だと言って、草刈正雄が笑顔を見せる。あっと思った瞬間にわたしはまたもや波にのまれ、流されている間にサーフボードを左膝にしたたかに打ち付けた。ひとしきり驚いたのち、痛みと寒さがやってくる。倒れ込むとき、両腕で顔と頭をガードするように言われていたが、まったくできる気がしない。あっという間にのまれてパニックになるだけだ。立ち上がりほうほうのていでストーブの前に行く。わたしの全身の筋肉は勝手に収縮し、どうにかして熱を生み出そうとしている。

「海でサーフィンした経験があるんですか？」

　わたしと同じ回に予約していた男性の一人に話しかけられる。長身で、年齢は二十代後半くらいだろうか。ないです、と返事をしながらずぶ濡れのわたしは、両方の鼻の穴にはいりかけた水がだらだらと流れているのを感じている。鼻から水がだらだらと流れている状態で話しかけられたとき、一度鼻から水が出きるのを待ってから答えたほうが、マナーとしては正しいのだろうか？　それともこの無様な有様が正解なのだろうか？　わからない。そもそも、鼻から水がだらだらと流れている人間に話しかけるほうがマナー違反ではないか？

「え、はじめてなんですか。それはすごい。普通、はじめてでは立てないですよ」

　みぞおちのあたりがふっと温かくなる。わたしはあくまでも不愛想に、はあ、などと言いながらも、うきうきした。どうなんだろう、お世辞かな。でも、もしかしたらわたしには、サーフィンの才能があるのかもしれない？　いやいや、そんなまさか。

　三人の男性が果敢に波に挑戦し、テンポよく左右に波を切り裂きながら、やがては流されていくのを見ていた。波乗りが上達しても、流されることまでうまくなるわけではないようで、傍からだとちょっとした水難事故に見えた。どうやら三人は友達で、わたしに話しかけたひとが一番下手だ。彼はすぐ流されてしまう。全員がやがて流され、またわたしの番がまわってくる。何度か草刈正雄についてもらい、手をはなされてちょっとすると流された。そのたびに滝つぼに落ちたようになり、精一杯イメージしうる死の輪郭が、いつもより鮮明になったような気になる。

　もたつきながらサーフボードの上に立ち、両手をはなす。もう草刈正雄は補助せず、プールの外で声をかけるだけになった。

「左手を前に出して、身体をひねってみましょう」

言われたとおりにすると、自分の立っている場所が徐々に移動する。遅々とした進みだが確かに、前に進んでいる。横を見てはいけない。足元もだ。プールの壁面に描かれているロゴを、まばたきもせずに凝視する。きっとこのロゴは、網膜に焼きついて残像を結ぶだろう。眼球が乾いて痛み、涙がにじむ。全身に過剰に力がはいっているのがわかる。

「はい、じゃあ次は左手を後ろにして。向こう側のロゴを見て」

その一瞬、たしかにわたしはわたしだった。わたしの精神はわたしの肉体に紐づいていて、両足でしっかりと波の上に立っていた。「過去も、今も、未来も、同時に起こる」とは、きっと受け入れることなのだ。いまそのものが、過去も未来も内包している。全部がいまの自分にある。そしてその実感は、決してすごいことなんかではない。感覚をとぎすませて、集中する。できることをできるかぎりするだけでいい。全部あっているのだ。そう気が付き力が抜けた途端、足元は大きくぐらつき、わたしはまたもや流されてしまった。

大急ぎでストーブの前に駆け寄る。すっかり身体が冷え切り、わたしは音を立てて歯を震わせながらやっとの思いで立っている。長身の男性が同じく震えながら、話しかけてくる。

「本当に今日がはじめてなんですよね？　あと何回か通ったらあっという間に上達しますよ。冬だと他のお客さんも少ないから、今日みたいにたくさんできますよ」

男性は、月二回仲間うちで来ており、だんだん上達してきたなどと快活に話し、ぜひ通うべきだと熱心に勧めてくれた。

第十五章

大井町

「寒くて」

腹の底から声が出た。

> 夢見がちっぽい目をして自分以外の誰かになりたがったりどこか別の場所に行きたがったりするのもやめるべきなのだ。今あんたがいるその場所で素晴らしい人生が送れるはずだから。じっくりと考え、自分の気持ちを覗き込んで見るといい。全てがディンキディ《本物》であるのが判るはず。あなたがいろんな場所でずっと探し続けてきた本物のホームも結局自分の裏庭で見つけられるだろう。血に誓うよ！真実を探しに自分探しの旅に出かけるような必要はまったくないのだ。(［1］p.223)

熱めのシャワーを長いこと浴び、ウェットスーツを返却しにプールに寄る。くすんだ金色の髪を三つ編みにした、すらりとまっすぐ伸びた脚を持つ外国人の少女が、いままさに生まれてはじめてサーフィンをしますよ、といった表情で立っているのが見えた。家族と話す彼女の英語には訛りがあった。少女は最初こそバーにつかまりこわごわ立ったものの、すぐにコツをつかみ両手をはなし、左右に波を切り裂いた。才能の持ち主なのは明らかだ。わたしとはまったく別格であった。かといって、わたしがサーフボードを真っ二つに折り、悔し涙を流す必要はない。何もかもに怒りながら顔を真っ赤にして出て行って、二度とサーフィンなんかするもの

かと悪態をつかなくてもいいのだ。

参考文献

1．トム・ジョーンズ著、舞城王太郎訳『コールド・スナップ』（河出書房新社、二〇一四年、『ロケットファイア・レッド』を収録）

第 十 五 章

大 井 町

あとがき

はじめて連載の話をいただいたのは二〇一九年六月のことだった。全身に力をみなぎらせ、肩をいからせて意気揚々と海芝浦へ向かった日の、灰色の空と湿気でまとまらない髪の毛がありありと思い出される。それから毎月どこかへ出かけ、本を読み、文章を書いた。連載の題材はあらかじめ十二回分定めていたわけではなく、作品も土地も思いついたときに決めていた。いま思い返すと無謀だったとしか言えないし、よく続いたものだなと赤面する。

書き進めるうち、この作品でなければならない理由、この景色でなければならない理由、そして書き手がわたしでなければならない理由はなんだろうという迷いが生まれた。その迷いは一年を通じて常に胸中にあり、漬物石のようになって、わたしの呼吸を浅くさせた。芥川龍之介は、生涯で読むことのできる本の冊数を計算し、絶望し嘆息したらしい。連載で紹介した作品はともかく、わたしの書く文章は、読者にとってかけがえのないものになるのか。わたしは焦っていた。

わたしはわたしではない誰かになろうとしていたのだといまならわかる。しかし、わたしが絞り出した文章はどこからどう見てもわたしの書く文章だった。どこに行こうと、どの作品を読んで文体を盗みコラージュすることを企もうと、わたしはわたしから逃れられなかった。

むしろ、どこかへ行くたび、本を開くたび、わたしの輪郭ははっきりしていくようだった。はじめて目にする景色はわたしの内面に入り込んでいくつもの感情を喚起させてくれたし、本を開き文字をたどることは、迷子になったときに地図を頼りにすることに似ていた。本来であれば巡り合うことがなかったもの、たとえば東向島の肉汁したたるステーキや犬吠の変色した五百円玉、亀戸の但元《たじもと》いり豆本店が、やがては心の滋養となった。

景色や本に導かれるようにして、ようやくたどり着いたのが第十二章だった。第十二章の文章は、わたしにとってのターニング・ポイントである。連載のなかの一章であることを越えて、わたしの心に深く根を張った。第十二章は言うなれば墓標のようなもので、その墓標には、これまでの臆病で挙動不審なわたしの名が刻まれているだろう。わたしはこの先何度もこの墓標に立ち帰るような気がしている。そのたびごとにわたし自身が色の異なる花を手向けることができるよう願っている。

本書は読書案内としてはもとより、ひとりの人間がふっきれるまでの実録物としても読んでほしい。この本をきっかけにあなたが、普段は手に取らない本に触れ、そこから世界が広がるのであれば、わたしはうれしい。

連載のさなか、新型コロナウイルスの流行があった。気軽に外出することができなくなり、いままでの文章を読み返すと懐かしく思うとともに、何の気なしに行っていた外出こそがまさに最高の贅沢だったのだと痛感させられた。今後もふとしたきっかけで自分の見渡す景色のありようががらりと変わってしまうことは大いにあり得る。大きな断絶によって足元をすくわれたとき、とっさに自分の身体を支え、起き上がる支えとなる棒のようなもの。わたしとあなたの読書体験、小旅行の記憶が、そういったものになりますように。

最後に、この本を出すにあたって題材とした作品たち、さまざまな姿を見せてくれた景色、取材先で出会った方々、ヒントをくれた友人たち、連載時代に読んで感想を教えてくださった読者の皆様と、魔術師のような手腕でイメージを具現化してくださったコバヤシタケシさん、装画にチャーミングなボラの絵を描いてくださった高田綾菜さん、校正を担当いただいたサワラギ校正部の皆様、このような機会をくださり、編集者そして最初の読者として、連載中から出版にいたるまできめ細やかにサポートをしていただいた代わりに読む人 代表の友田とんさんに、深く御礼申し上げます。本当にありがとうございました。

二〇二一年六月　　わかしょ文庫

本書は、Ｗｅｂ連載『うろん紀行』（代わりに読む人の読みもの、二〇一九年八月～二〇二〇年七月、第一回～第十二回）を加筆修正し、書き下ろし（第十三章～第十五章）を加えて単行本化したものです。

また、作品の引用箇所に一部、不適切と思われる表現が含まれていますが、時代背景を考え、そのままにしました。

著者プロフィール

わかしょ文庫（わかしょぶんこ）

作家。一九九一年北海道生まれ。好物はうに。

うろん紀行

二〇二一年八月二〇日　初版第一刷発行

著者　わかしょ文庫（文・写真）

発行人　友田とん
発行所　代わりに読む人
東京都目黒区中央町一－一四－一一－二〇二
Email: contact@kawariniyomuhito.com
Web: https://www.kawariniyomuhito.com

装画　高田綾菜
装幀　コバヤシタケシ
校正　サワラギ校正部
（北村さわこ・松井亜衣・柳沼雄汰・窪田瞭）
印刷製本　藤原印刷株式会社

ISBN 978-4-9910743-3-2 C0093

代わりに読む人の本

友田とん 著
パリのガイドブックで東京の町を闊歩する1 まだ歩きださない
新書判｜48P｜カラー｜並製本｜定価 700 円＋税
ISBN 978-4-9910743-1-8 C0295

友田とん 著
パリのガイドブックで東京の町を闊歩する2 読めないガイドブック
新書判｜94P｜カラー｜並製本｜定価 1,500 円＋税
ISBN 978-4-9910743-2-5 C0295

友田とん 著
『百年の孤独』を代わりに読む
A5 判｜204P｜並製本｜定価 1,200 円＋税 （私家版、自主流通）